中国社会科学院创新工程学术出版资助项目

国家开发银行研究院
中国社会科学院世界经济与政治研究所

主编　张宇燕　郭　濂

中美经济结构与宏观政策比较

A Sino-US Comparison of Economic Structure and Macroeconomic Policies

课题组成员
张宇燕　姜　洪　郭　濂　黄剑辉
宋　泓　王　阁　孙　杰　刘仕国
李春顶　徐　晶　曹永福　黄　薇

社会科学文献出版社
SOCIAL SCIENCES ACADEMIC PRESS (CHINA)

作者简介

孙 杰 中国社会科学院世界经济与政治研究所研究员、博士生导师，《世界经济》编辑部主任。主要研究领域：国际金融；美国经济；公司融资。Email：sunjie@ cass. org. cn。

刘仕国 中国社会科学院世界经济与政治研究所研究员，经济学博士，《世界经济年鉴》编辑部主任。主要研究领域：国际收支、货币与金融统计；金融资金流量账户的应用；外商直接投资对东道国收入分配的影响；宏观经济计量建模。Email：liusg6570@ vip. sina. com。

李春顶 中国社会科学院世界经济与政治研究所副研究员，经济学博士，国际贸易研究室副主任。研究领域：国际贸易摩擦；异质性企业贸易；经济政策建模与模拟；开放宏观经济。Email：lichd@ cass. org. cn。

曹永福 中国社会科学院世界经济与政治研究所副研究员；经济学博士。主要研究领域：经济周期；美国经济。Email：caoyongfu@ yeah. net；caoyongfu@ cass. org. cn。

黄 薇 中国社会科学院世界经济与政治研究所副研究员，管理学博士，全球治理研究室主任，国际经济与战略研究中心执行主任。主要研究领域：国际金融；全球经济治理。Email：huangwei@ cass. org. cn。

内容提要

中国经济结构近年来面临的内外挑战越来越大。第一，粗放的增长方式和低层次的经济结构令中国经济发展动力弱化，增速回落，各种矛盾凸显，陷入中等收入陷阱的风险逐步加大。第二，2008 年金融危机的冲击，使全球主要经济体的发展步伐明显放缓，充分暴露了各自经济结构的缺陷。主要经济体不得不推进结构调整，促成全球结构调整潮流。为确保经济可持续的发展，中国也必须尽快调整自己的经济结构。

作为经济发展的一般规律，经济结构在美国和中国的演变均表现出较多的共性。当前中国通过投资主导经济增长，实际上并没有偏离美国经济发展规律。不过，由于政府在经济发展中的地位和作用存在差异，包括政府对金融活动直接和间接影响的差异，在财政政策和货币政策的传导机制和政策工具的选择方面，中美两国之间的差异也较为明显。

一　研究思路

本书以生产结构、需求结构、分配结构和金融结构代表经济结构，并将宏观治理界定为四个宏观经济政策基本目标（经济增长、价格稳定、充分就业和外部平衡）的实现途径与平衡方式。本课题首先通过历史事实分析法，研究了美国“经济结构 - 宏观经济治理”之间的纽带关系；随后总结中国经济结构当前的基本特点，参照美国“经济结构 - 宏观经济治理纽带”相应阶段的对应关系，总结中国当前阶段的基本特点，结合中国的国情（包括未来发展趋势），就财政政策和货币政策等宏观治理提出适合的建议。

本书第一至二章界定了经济结构的内涵，梳理了经济结构对宏观政策影响的理论；第三至四章分析了美国经济结构的历史演变及对宏观政策的动态影响；第五至六章将中国经济结构演变与美国进行比较，分析了中国经济结构变化对宏观政策的动态影响；第七章对中国未来经济结构及宏观治理进行了展望，指出宏观供给管理的重要性在未来将逐渐凸显。

二　主要研究结论

（一）经济结构变迁的一般规律

生产结构、需求结构、收入分配结构和金融结构作为经济结构的不同方面，彼此之间存在联系，在经济发展过程中往往出现联动式变化。从生产结构来看，各国都是从农业国过渡为工业国，而后逐渐进入以服务业为主的发展阶段。从需求结构看，往往与生产结构相契合，投资比重逐渐降低，消费比重逐渐提高；对制成品的消费需求相对下降，对服务的消费需求相对上升。从金融结构来看，直接融资逐渐取代间接融资。从收入分配结构看，经济高速发展时期往往也是收入分配不平等加剧的时期。

（二）美国宏观政策的演变及发展趋势

（1）美国财政政策逆周期调节职能在工业化加速期作用明显，但进入信息化时代逐渐减弱。在工业化加速发展阶段，财政政策因为见效快、作用直接，承担起较强的逆周期调节职能。在工业化平稳阶段，财政政策仍然是熨平经济周期、解决失业问题的重要政策措施。在信息化时代，财政政策的逆周期调节职能降低，着眼点是解决各种中长期社会问题、结构性问题。

（2）美国财政支出逐渐向科技研发等无形资产领域倾斜。在工业化加速发展阶段，制造业比重较高，城市化处于加速阶段，政府投资注重城市基础设施的建设。随着工业化进入平稳期，政府投资开始下降。进入信息化时代之后，经济增长从要素投入型转变为效率提高型，政府财政支出也逐渐向科技研发等无形资产领域倾斜，重在对“软实力”的提升。

（3）货币政策是当前美国宏观政策的核心。美国货币政策以逆周期操作为主要方向，通过影响资金成本，影响投资者和消费者的行为，实现对经济的间接干预。

（三）中国的经济结构现状及展望

从发展现状看，一是中国已完成了从轻工业向重工业的转型，第二产业仍是主导产业；二是服务业比重偏低，生活性服务业占主体，现代服务业发展滞后；三是消费和投资存在失衡，出口中加工贸易占半壁江山；四是居民收入分配差距逐渐扩大，资产价格的膨胀恶化了财富分配；五是金融结构属于银行主导型，存在金融抑制现象。

未来20年里，中国经济结构的演变及发展趋势如下：第一，未来中国的城镇化空间很大，投资仍然是经济增长的主要动力。中国未必经历去“工业化”进程，但需要提高制造业核心竞争力；企业投资重心逐渐转向技术密集型的设备和软件等领域，政府投资重心逐渐从大规模基础设施转向科技研发等无形资产。消费的作用会不断增强并最终超过投资，对制成品的消费需求相对下降，对服务的消费需求相对上升，现代服务业成为主要增长点。外贸进入稳定增长期，其中出口面临调整和质量提升，在需求结构中的比重不断下降。第二，受需求结构和生产结构变动缓慢的影响，收入分配差距很可能仍在高位，波动加剧（类似于1890年至1900年代的美国），财富分配差距则很可能继续扩大。第三，随着金融深度脱媒化和证券市场加快发展，直接融资比重将大幅上升，但银行业仍将主导中国金融业，经济仍将高度货币化。

（四）中国的宏观治理现状及展望

中国当前处在工业化加速到平稳阶段，宏观调节应以财政政策为主，这是由该经济发展阶段的特点决定的。从中国国情来看，第一，中国经济增长放缓，需求结构面临调整。同货币政策相比，财政政策是结构导向的政策，更易于对目标进行定向和定位，见效更快。第二，中国货币市场当前尚不健全，金融市场不发达，利率弹性不足，使货币政策效果远不如财政政策明显，易导致通胀波动幅度加大，恶化分配结构。

中国宏观经济治理的演变及发展趋势如下。

（1）相机抉择财政政策逆周期调节职能将减弱。在中短期内，财政政策仍将通过投资优化经济结构，鼓励消费增加，促进贸易平稳发展和质量提升。在工业化平稳阶段，财政政策仍然是熨平经济周期的重要措施。随着金融市场的完善，利率传导机制趋于完善，财政政策对私人部门的“挤出”效应增大。在服务业成为经济最重要部门后，财政政策的首要任务是解决中长期的结构性问题，而不再是逆周期的宏观调节。

（2）治理分配差距的财政手段会更丰富。财政收入占比应下降，居民收入占比应上升。相应的，财政分配手段要由投资和转移支付，转向基于居民收入/财富的税收手段（包括累进的财产税）。

（3）货币政策将逐步以利率调控为主，逆周期调节地位日益突出。经济发展进入信息化时代后，服务业逐渐占主导地位，上下游的价格传导机制弱化，科技进步将降低非熟练劳动力在工资谈判中的地位，工资增长趋缓，很可能初步形成低通胀环境，增大货币政策空间。随着金融市场的发展和企业外部融资的增多，货币政策对实体经济的调节作用逐渐强化，利率成为央行更合适的间接调控工具。

（五）加强和改善宏观治理的政策建议

（1）中国当前的经济结构以及未来经济结构的演变不会偏离经济发展的一般规律，但是这并不意味着中国只能按照原有的方式发展。中国不宜直接套用美国目前以货币政策为主的宏观经济调控模式，而应加强金融市场建设，包括开发新的金融工具，以提高金融市场传导的有效性，然后才会加强货币政策的使用。

（2）以稳健性货币政策配合财政政策。中国当前的生产结构和需求结构大致相当于美国工业化稳定期（1950～1970 年），经济发展阶段决定财政政策对中国仍至关重要。中国金融市场不发达，利率弹性不足，加上制造业比重较高，从原材料到最终产品的价格传导效应较强，因此宽松货币政策很容易造成通货膨胀，建议以稳健性货币政策配合财政政策。

（3）高度重视和加强供给管理。随着制造业比重的下降和服务业比重的上升，供给管理的重要性将日益凸显。由于服务业的投入主要依靠劳动力，国民收入分配将向劳动报酬倾斜，需求不足的可能性降低，因此宏观治理应当着眼于从制度层面改善要素使用效率，提高服务和产品的供给。

目录

第一章　中美经济结构与财政货币政策比较导论

本书的研究首先通过对中国和美国经济发展历史的对比，寻找伴随经济发展呈现的经济结构变化的规律并进行评判，然后，研究经济结构变化对货币政策和财政政策的影响，最后也是重点，就货币政策和财政政策在经济结构转变中的作用提出建议。

第一节　研究综述

对于经济结构的理解，在不同语境下是不同的。例如，当我们谈论结构改革的时候，我们所说的结构往往是指经济体制和经济机制方面的内容，属于制度经济学或规范经济学的研究内容；而当我们谈论经济调整或结构变化的时候，我们所指的结构一般就是经济中的各种比例关系，是一种客观的经济现象或经济特征，属于实证经济学的研究内容。本书对经济结构的研究主要是以后一种定义为基础展开的，最终落脚到在不同经济结构下，以财政政策和货币政策为代表的宏观经济治理评价和设计等规范问题上。具体来说，我们将首先研究以生产结构、需求结构、收入和财富分配结构和金融结构为代表的经济结构，然后再研究这些结构问题是如何决定和影响以货币政策和财政政策为代表的宏观经济治理措施和有效性的。

经济结构影响宏观治理的理论基础和逻辑分析思路在于经济发展与经济结构的关系以及财政政策和货币政策的传导机制。这也是本书研究的主要理论依据。

一　经济结构影响宏观治理的理论综述

不论是货币政策还是财政政策，最初外生的政策变量是如何通过一系列的中间目标达到最终稳定经济增长的政策目标，无疑会因为经济结构的差异而有所不同。外生的政策变量要平滑经济增长，一定要通过引导居民的消费行为及公司的投资和生产行为产生变化来实现。在这个过程中，不同的分配结构和金融结构又会影响居民消费行为及公司投资和生产决策对外生政策变量的反应。

（一）经济结构对货币政策的传导机制的直接影响

货币政策传导机制是货币政策研究领域的核心内容，是通过影响投资、实际产出、实际国民生产总值等中介变量的方式影响传导过程，是分析和说明进行货币政策调整之后，货币供应量的变动如何诱发和影响微观经济主体的消费和投资行为，从而导致宏观经济总量发生变化的一整套机制的理论，就是货币政策影响实体经济的过程和渠道。而不论哪一种传导机制，都会受到以生产结构、需求结构、收入和财富分配结构及金融结构为代表的经济结构的影响。

一般来说，货币政策传导机制可以归纳为四种渠道：①与货币机制相关的货币供给或利率或直接利率的直接渠道；②与信贷机制相关的狭义信贷渠道、广义信贷渠道（又称为资产负债表渠道）、银行资本金渠道；③与初级政权机制相关的股票价格渠道，包括关于投资的 q 渠道、关于消费的财富效应渠道、关于居民资产组合的流动性渠道等；④开放经济条件下的汇率渠道等。①

1. 实际利率渠道

利率传导机制理论是最早出现，被不少西方经济学者认为最重要和最有效的货币政策传导途径。一般来说，货币供应量的变动首先在货币市场上引起利率的变动，而利率的变动又在商品市场上引起投资规模的变化，而投资规模变化的大小主要取决于资本边际效率与利率的对比关系，投资规模的变动随之引起就业、产量和收入的变化。即货币供给（M）－利率（i）－投资（I）－总产出（Y）。

其具体传导过程如下：

---

① 樊明太：《金融结构及其对货币传导机制的影响》，《经济研究》2004 年第 7 期。

$$货币政策 \Rightarrow 名义利率\uparrow \overset{价格黏性}{\Rightarrow} 实际利率\uparrow \Rightarrow 当前消费\downarrow \Rightarrow 实际产出\downarrow$$

2. 信用传导渠道

信用传导渠道包括两个传导途径：银行贷款途径和资产负债途径。

（1）银行贷款途径主要是基于银行贷款仍然是现代社会主要融资渠道的现实而提出的。当货币当局实行紧缩性货币政策时，银行体系的储备金减少，活期存款（D）也相应减少，在银行资产结构既定的条件下，银行可贷资金（L）减少，贷款规模随之下降，使得那些依赖银行存款的借款者不得不减少投资支出，最终使产出下降。其具体传导过程可以表示为：

$$M\downarrow \Rightarrow D\downarrow \Rightarrow L\downarrow \Rightarrow I\downarrow \Rightarrow Y\downarrow$$

（2）资产负债表途径是指货币政策可以从两方面影响企业的资产负债状况。以紧缩性货币政策为例：紧缩性的货币政策使利率上升，直接增加了借款者的利息支出，减少了企业的净现金流（CF）进而使企业的资产状况恶化；利率的上升也意味着企业风险上升和担保品价值（Pe）下降，企业净值下降，财务状况恶化，道德风险和逆向选择可能产生的损失相应提高，贷款无法归还的可能性加大，必然使银行净值下降，贷款（L）萎缩，从而企业投资（I）下降，产出（Y）减少。其传导过程从现金流和资本价值两个角度可以分别表示为：

$$M\downarrow \Rightarrow i\uparrow \Rightarrow CF\downarrow \Rightarrow 逆向选择和道德风险\uparrow \Rightarrow L\downarrow \Rightarrow I\downarrow \Rightarrow Y\downarrow$$
$$M\downarrow \Rightarrow Pe\downarrow \Rightarrow 逆向选择和道德风险\uparrow \Rightarrow L\downarrow \Rightarrow I\downarrow \Rightarrow Y\downarrow$$

3. 货币政策传导的资产价格渠道

有两种货币政策传导渠道得到货币学派的格外强调：托宾 q 理论和财富效应，而两种渠道实际上都是通过股票价值来分析货币政策对经济的影响的。

在托宾 q 理论中，托宾 q 定义为企业的市值除以资本的重置成本。因此，当货币供给下降时（$M\downarrow$），公众因缺少货币而减少支出，从而减少对股票需求，引起股票价格下跌（$Pe\downarrow$），进而是 q 的下降（$q\downarrow$），这又会引起投资支出下降（$I\downarrow$），最终使总产出下降（$Y\downarrow$）。因此，传导的基本图示可表述为：

$$M\downarrow \rightarrow Pe\downarrow \rightarrow q\downarrow \rightarrow I\downarrow \rightarrow Y\downarrow$$

财富效应是指消费者的消费支出取决于他的财富，其中包括人力资本、实际资本和金融财富，而股票是金融财富的重要组成部分。所以，当股价下降时（$Pe\downarrow$），消费者财富会减少，进而导致消费的下降（$C\downarrow$）和总产出的下降（$Y\downarrow$）。因此传导的基本图示可表述为：

$$M\downarrow \rightarrow Pe\downarrow \rightarrow \text{财富}\downarrow \rightarrow C\downarrow \rightarrow Y\downarrow$$

4. 开放经济条件下的汇率渠道

货币当局紧缩货币时，货币政策首先通过实际利率上升造成资本流入和汇率（E）升值，汇率升值又造成国内物价水平（P）的下降，最后导致产出水平的下降。其传导过程可以表示为：

$$M\downarrow \overset{\text{价格黏性}}{\Rightarrow} i\uparrow \Rightarrow E\downarrow \Rightarrow P\downarrow \Rightarrow Y\downarrow$$

显然，不论从上面哪一种传导机制看，其作用都会受到以生产结构、需求结构、收入和财富分配结构及金融结构为代表的经济结构的直接影响。

（二）财政政策的传导机制

与货币政策一样，财政政策的实施也存在着如何从政策工具变量到政策目标变量的转变过程。这一过程需要特定的传导机制使政策工具变量对相关名义和实际经济变量产生影响，并最终把政策工具变量转化为政策目标变量（即实现期望值）。在这个传导过程中，经济结构同样具有非常重要的作用。财政政策的传导机制主要有以下几种。

1. 收入和财富分配的传导与收入和财富分配结构

财政政策工具变量的调整对个人收入分配的影响主要体现在改变实得货币收入。这主要是通过对居民个人征税，使其税后收入减少或通过某种形式的补贴使居民个人的实得收入增加。居民个人收入的变化不仅会影响其储蓄与消费的行为，而且也会影响劳动者生产积极性，在一定的程度上还可能导致劳动者在工作与闲暇中重新做出选择，从而对总产出产生一定影响。

财政政策工具变量调整对企业利润分配的影响，则主要体现在企业税后利润的分配上。税后利润的多少，直接影响企业的经营活动，从而最终影响经济增长。

2. 利率和货币供给传导与金融结构

在正常情况下，也就是在货币发行没有增长的情况下财政支出的增长相当于在资本市场上增加了对资金的需求，从而将导致利率水平的上升。这样，在财政支出扩张的同时对民间投资形成挤出效应。因此，财政政策能否最终实现扩张，就取决于两者之间的比例关系，而这在不同的经济结构下结果是不同的，因为在不同的经济结构下居民和企业的行为将决定财政乘数的大小。

3. 财政乘数的传导

对于财政乘数来说，尽管它同样决定了财政政策的有效性，但是更直接地反映了经济结构（主要是消费结构、投资结构、分配结构和金融结构）对财政政策效果的影响。

从支出方面来看，一个简单的国民收入决定公式为：

$$Y = C + I + G \tag{1}$$

其中，

$$C = C_a + bY_d \tag{2}$$

C_a 代表自主消费，Y_d 代表可支配收入，即总收入扣除税收（T）后的收入，b 代表边际消费倾向。

$$Y_d = Y - T + TR \tag{3}$$

$$T = T_a + tY \tag{4}$$

对（3）式求解可得：$Y = \frac{1}{1-b(1-t)}[a + b(TR - T_a) + I + G]$ （5）

根据(5)式,我们就可以得到简单的财政支出乘数：

$$KG = \frac{\triangle Y}{\triangle G} = \frac{1}{1-b(1-t)}$$

它表明的是购买性支出的变动对经济增长的影响程度，这种影响程度就是所谓的购买性支出乘数。第一，支出乘数是正值，说明国民收入与税收的变动方向相同。第二，政府增支时，国民收入增加，增加量为支出增量的 $1/(1-b)(1-t)$ 倍，也就是说，政府支出乘数取决于边际消费倾向和边际税收倾向，并且与前者成正比，与后者成反比。第三，同税收乘数相比，支出乘数大于税收乘数。这说明，财政支出政策对经济增长和经济稳定的作用大于税收政策。

求（5）式对 T 的导数，又可以得到税收乘数：

$$KT = \frac{\triangle Y}{\triangle T} = \frac{-b}{1-b(1-t)}$$

它表明的是税收的变动（包括税率、税收收入的变动）对经济增长的影响程度。这种影响程度就是所谓的税收乘数。第一，税收乘数是负值，说明国民收入与税收的变动相反。第二，政府增税时，国民收入减少，减少量为税收增量的 $b/[1-b(1-t)]$ 倍。可见，若政府采取减税政策，将会成倍刺激有效需求，有利于经济增长。

最后，政府在增加税收的同时，等量增加购买支出，这些变化对国民收入的增加是什么影响，这就是所谓的平衡预算乘数：

$$K_b = \frac{\triangle Y}{\triangle G} + \frac{\triangle Y}{\triangle T}$$

从理论上讲，K_b应该等于1，但是，在存在转移支付的情况下：

$$\begin{aligned}\triangle Y &= K_G \triangle G - K_T \triangle T \\ &= \frac{1}{1-b(1-t)}\triangle G - \frac{b}{1-b(1-t)}\triangle T\end{aligned}$$

这就是说，即使增加税收会减少国民收入，但若同时等额地增加支出，国民收入也会等额地增加。换言之，即使政府实行平衡预算财政政策，由于 $b<1$，所以财政政策仍具有一定的扩张效应。

从财政政策的几个传导机制看，收入与财富分配结构和需求结构具有直接的影响，并且间接影响生产结构和金融结构的传导。

二 经济结构影响宏观治理的实证综述

经济结构对宏观经济治理的影响的实证研究一般具体为经济结构对货币政策和财政政策有效性的影响。

（一）经济结构对货币政策的影响

Poole 以产出的方差作为目标函数，在 IS－LM 模型的基础上引入随机冲击变量，对货币政策工具的选择展开研究①。他指出货币政策工具的选择需要参考经济体所受冲击的主要类型以及 IS 和 LM 模型的斜率，当经济体所受冲击主要来自需求层面、LM 曲线较为陡峭而 IS 曲线较为平坦时，以利率作为货币政策工具可以降低产出的波动水平，而当经济体所受冲击主要来自供给层面、LM 曲线较为平坦而 IS 曲线较为陡峭时，以货币供给量作为货币政策工具可以降低产出的波动水平。

---

① Poole, W., "Optimal Choice of Monetary Policy Instrument in a Simple Stochastic Macro Model", *The Quarterly Journal of Economics*, Vol. 84, 1970, pp. 197－216.

Krause、Cecchetti 等①以实现了宏观经济稳定（社会福利损失最小）的货币政策作为最有效的货币政策操作，实际操作对最优操作的偏离所导致的社会福利损失部分，被描述为货币政策“非有效”的程度，“非有效”程度的减小意味着货币政策有效性的增强，并进一步导致宏观经济稳定性的提高（社会福利改善），以分离出由于合理、有效的货币政策操作带来的贡献，进而可以发现货币政策的有效性在社会福利改进中所起到的作用。

（二）经济结构对财政政策的影响

随着日本经济陷入长期困境，印尼、韩国和泰国经济因亚洲金融危机而严重衰退，以及最近美国和欧洲经济萎靡不振，人们的注意力已经主要转向扩张性财政政策所发挥的经济刺激作用方面了，其目的在于判断在何种条件下财政扩张对经济的刺激会更为有效，在何种条件下无效。一般是分别从财政政策的需求效应、供给效应和制度约束三个方面来解释财政乘数大小和符号的决定因素的。

1. 财政政策的总需求效应：消费结构的影响

（1）挤出效应。

挤出效应是凯恩斯主义者财政政策效应研究的一个重要内容。通过利率和汇率机制产生的引致挤出效应与 IS－LM 框架的具体特征有关。

首先，它取决于私人投资的决定因素。私人投资对利率越敏感，则挤出效应越大。其次是货币需求和货币政策。货币需求对利率越不敏感，对收入越是敏感，则挤出效应越大。第三是开放程度和汇率制度。在浮动汇率条件下，因利率上升吸引资本流入会提升汇率；在资本完全流动的情况下会出现完全挤出使财政政策无效；在固定汇率制度下，财政扩张导致利率上升的程度比封闭经济条件下要小，当资本完全流动时，由于货币供给会增加，就能确保国内利率根本不上升，因而财政政策非常有效。

（2）预期和李嘉图等价。

完全意义上的李嘉图等价意味着减税造成的政府储蓄的下降完全被私人

① Krause, Stefan and Fabio Méndez, "Policy Makers' Preferences, Party Ideology, and the Political Business Cycle Policy Makers' Preferences, Party Ideology, and the Political Business Cycle", *Southern Economic Journal*, Vol. 71, No. 4 (Apr., 2005), pp. 752－767. Cecchetti, Stephen G., Alfonso Flores－Lagunes, Stefan Krause, "Has Monetary Policy Become More Efficient? A Cross－Country Analysis Has Monetary Policy Become More Efficient? A Cross－Country Analysis", *The Economic Journal*, Vol. 116, No. 511 (Apr., 2006), pp. 408－433.

储蓄的上升所抵消，而总需求不变，因而财政乘数为零。需要指出的是，李嘉图等价基于一些严格假定。如果人们缺乏完全预见性，流动性会受一定程度约束；资本市场不完善以及如果人们有将当前财政负担传递给未来几代人的非利他主义愿望等都可能使财政政策对消费产生某种强有力的影响①。这样，李嘉图等价究竟有多少实际意义就值得怀疑，至少就完整意义上的李嘉图等价来说是如此。

2. 财政政策的总供给效应：生产结构的影响

对财政政策效应的分析大多集中在需求方，而实际上从长期看供给效应更重要。如果经济已经无闲置生产能力，短期内无法增大产量，则财政扩张必定要发生挤出。只有能促进供给的政策才能解决生产能力约束问题，且其影响主要为长期影响。

支出变化如何影响劳动力和资本生产力是需要注意的另一个问题，尤其是对于公共品及其他物品的政府支出会产生正的外部性，而削减那些浪费性的支出则可以促进经济更快增长。这一点在政府进行有形投资和人力资本投资的分析模型中得以证实②。其他模型也表明这类投资可能对宏观经济产生很大影响，这意味着财政乘数很大③。

3. 财政政策效应的制度约束

制度因素的影响包括政策时滞、政治因素以及经济发展水平等。

一般来说，较长的政策时滞会降低短期财政乘数值；持续大规模的赤字可能意味着某种对赤字的偏好，而对赤字的偏好可由几个政治经济方面因素加以解释④；发展中国家具体制度方面的一些特点也会影响财政乘数的大小。例如，能否进行内部融资和外部融资以及融资成本的高低往往是财政政策的主要制约因素。高负债的发展中国家无法从国际资本市场融资（或者只能以苛刻条件融资），融资可能性决定了财政赤字的规模。

---

① Mankiw, Gregory N., "Small Menu Costs and Large Business Cycles: A Macro - economic Model of Monopoly", *Quarterly Journal of Economics*, 1985, Vol. 100, pp. 529 - 37.

② Murphy, Kevin M., Andrei Shleifer, and Robert W. Vishny, Industrialization and the Big Push, *Journal of Political Economy*, Vol. 97, 1989, pp. 1003 - 26. Lucas, Robert E., "On the Mechanics of Economic Development", *Journal of Monetary Economics*, Vol. 21, 1988, pp. 3 - 32.

③ Azariadis, Costas, and Allan Drazen, "Threshold Externalities in Economic Development", *Quarterly Journal of Economics*, Vol. 105, 1990, pp. 501 - 26.

④ Alesina, Alberto, and Roberto Perotti, "The Political Economy of Budget Deficits", Staff Papers, International Monetary Fund, Vol. 42, 1995, pp. 1 - 31.

但与此同时，由于发展中国家的边际消费倾向相对较高，又可能会提高乘数。

三　经济结构影响宏观治理的实证综述：国内的研究

通过对中国货币政策和财政政策传导机制的研究，我们可以发现经济结构对货币政策和财政政策的潜在影响。

（一）经济结构与货币政策

经济开放度的提高，减弱了中国货币政策的产出效应和价格效应，货币当局应该采取必要措施防范经济开放度对货币政策有效性的冲击①。

（二）经济结构与财政政策

1. 积极财政政策有挤出效应

一方面，政府作为投资主体，以大规模的财政货币资金投资于基础建设，必然排挤经济主体进入部分竞争性的基础建设项目，抑制投资需求的有效增长；另一方面，大规模的信贷资金与财政资金的配套，客观上减少了商业银行对企业（特别是中小企业）的信贷资金的供应量②。

如果政府的支出是靠税收增加的，那么，私人部门的投资将会减少；如果政府支出不靠增加税收来提高，那么意味着政府借款增加，这样同样会减少私人部门可借贷资金，从而减少私人部门的投资。因此政府增加支出会挤出私人部门的投资。挤出效应的大小取决于两个因素：一是私人部门市场失败的情况，二是政府支出资金的来源情况。如果政府是从国外借款的话，那么对私人部门的排挤会减少一些③。

2. 积极财政政策不存在挤出效应

可以从增发国债对利率、借贷资金及居民消费的影响三个方面论证积极财政政策没有产生挤出效应④。第一，增发国债对利率的影响。由于我国尚未实行名义利率的市场化，积极财政政策不会影响名义利率的升降。实际利率的上升主要是由物价水平下降，而中央银行没有及时随物价变动调整名义

---

① 裴平、熊鹏、朱永利：《经济开放度对中国货币政策有效性的影响：基于1985～2004年交叉数据的分析》，《世界经济》2006年第5期；孙华好：《传统钉住汇率制度下中国货币政策自主性和有效性：1998～2005》，《世界经济》2007年第1期。

② 章晟：《我国财政货币政策运行的困境与政策取向》，《财贸经济》2003年第3期。

③ 吴俊培：《关于财政学的研究对象和方法》，《武汉大学学报》2004年第6期。

④ 项怀诚：《正确认识经济发展阶段特征科学制定政府宏观调控政策》，《财贸经济》2001年第1期。

利率所致。第二，民间投资主要受到民间资本的边际产出和公共投资的影响，民间资本边际产出上升会提高民间投资。如果公共资本投向竞争领域，即与民间资本的生产相互代替，增加公共投资就会挤出民间投资。事实上，中国积极财政政策的投资领域主要是高速公路、供水和机场等基础设施，属于社会公共支出领域，对民间投资不会形成挤出效应。第三，我国财政支出与居民消费总体上是互补关系，扩大政府支出对需求总体具有扩张效应。

四　经济结构影响宏观治理的结论

通过对货币政策有效性研究的梳理，可以得出如下结论：①货币政策和财政政策有效性的内涵由于各个国家不同时期各自的目标取向的不一，并没有统一的定义，但是货币供应量和利率是货币政策的主要中介目标，最终目标则在于经济增长和物价水平。所以货币政策的有效性高低最终体现在中央银行运用的政策手段能否借助中介目标影响到最终目标的实现上。②理解货币政策理论有效性需要紧跟宏观经济学和经济增长理论的发展而不断发展。可以看出随着对货币政策理论有效性研究的不断深入，各学派是一个逐步继承发展并且不断融合的趋势。如一般的共识认为货币政策在长时期内影响价格而对真实产出却没有影响，但是在短期内对经济具有持续的影响。③对货币政策实施有效的研究主要是通过案例分析和模型检验的方式。研究表明紧缩的货币政策具有显著效果。大量的模型实证检验得出的结论不一，与模型的假设和模型本身的适应性有关。

第二节　研究思路和可能的创新

我们的研究思路是以经济发展和经济结构变迁以及货币政策和财政政策的传导机制理论为基础的，探讨经济发展和经济结构变迁的一般规律，评价当前中国的经济结构，明确中国经济结构的调整方向，研究经济结构对货币政策、财政政策工具选择和有效性的影响。因此，我们可能的创新在于以传导机制理论逻辑和分析框架为基础，用中美历史数据具体分析经济结构如何影响货币政策和财政政策决策。也就是说，为了保证宏观经济政策的有效性，明确提出不同的发展阶段和经济结构应该分别对应什么样的宏观经济政策工具，而我国与美国由于经济制度的差异，在政策选择上应该又有什么样不同。

一　研究思路

本书研究的基本思路是从经济结构入手，探索经济结构对以货币政策和财政政策为代表的宏观治理的影响，总结美国经济结构影响宏观政策的理论与实践，为中国在结构转型中实现有效的宏观治理提供参考，预测未来中国治理模式的演变路径，为国家开发银行找准战略重点、市场定位和业务模式。

具体来说，本书研究的思路是从作为宏观经济基本面的长期决定因素的经济结构（重点研究消费结构、投资结构、分配结构和金融结构）的历史演变出发，评价当前中国的经济结构、确定结构转型的方向、探讨其对以货币政策和财政政策为代表的宏观经济治理工具选择和有效性的影响。而本书研究所依据的理论基础在于货币政策和财政政策的传导机制。

二　研究基础

本书是以历史史实为研究基础，通过对历史数据的分析，依据传导机制的理论框架和逻辑结构，最终推导出研究结论。

从时间段来看，考虑到数据可得性①以及美国货币政策和财政政策的明确提出主要是二战以后的事情②，因此我们的分析主要从1945年开始。

---

① 弗里德曼1963年出版的《美国货币史》被公认为对美国货币历史统计做出了重大贡献，但是其对美国货币的统计也仅始于1867年，且主要包括美联储的库存现金、商业银行在美联储的存款以及银行准备。有关美国历史统计的另外两本专著（美国商务部人口调查局编写的《美国历史统计：1789～1945》以及近年来比较流行的麦迪森的《世界经济千年统计》）或者过细难以归纳，或者统计过粗。

② 尽管美国联邦储备局的成立可以追溯到1791年美国第一银行成立，但是那时中央银行的职能发挥得并不理想，主要集中在货币信用上，防止滥用纸币发行权，维持币值稳定，进行银行监管，防止出现挤兑，而且几经波折，其间出现过两次自由银行的时代。所以，即使到了美联储在1913年成立的时候，其核心考虑依然是通过创造联邦储备券来控制商业银行的货币创造。事实上，在当时金本位盛行的情况下，那时的美联储实施货币政策的自由空间也受到限制。只有在大危机以后，随着金本位的崩溃，美联储通过货币创造来有目的地实施货币政策才有了可能。而直到1963年弗里德曼的《美国货币史》出版以后，货币数量控制才有了经验基础。至于财政政策，一般公认的起点是大危机时的罗斯福新政。因此，我们对美国经济结构和货币政策与财政政策的分析以二战以后为重点。

（一）有关经济发展与经济结构之间关系的代表性文献和结论

从对经济结构研究的基本文献看，在需求方面主要有 Malerba[①]、Kershaw and Levine[②] 等；对产业结构的研究有比较长的历史，比较经典的文献包括克拉克、库兹涅茨、霍夫曼、钱纳里等学者的研究。这种研究的特点是侧重经验总结和跨国比较；在收入和财富分配方面主要有 Kuznets、Williamson and Lindert、阿特金森和布吉尼翁[③]等；在金融结构方面的代表性研究主要是戈德史密斯的《金融结构与金融发展》。

（二）本课题研究对经济发展与经济结构之间关系的主要发现

（1）需求结构对财政和货币政策的影响包括对政策目标、政策工具和政策主体三个方面的作用，但主要通过两个渠道：其一，需求结构会影响财政和货币政策的目标，即通过影响财政货币政策目标而影响政策制定。其二，需求结构会影响财政和货币政策工具的传导机制，进而会影响政策实施的效果，即通过影响政策工具的传导机制来影响政策制定。具体分析不同结构下需求结构对财政和货币政策的影响，一般性的结论是：①结构的不合理会促使财政政策和货币政策将调整结构作为政策目标之一；②能够直接调节结构中占比高的变量的财政或者货币政策工具传导效果更好，而不能够影响结构中占比高的变量的财政和货币政策工具效果较差。

（2）产业结构从制造业向服务业的演进是历史的必然规律，在这个过程中宏观经济的内在稳定性会有所增强，因此美国财政政策的首要目标是解决各种社会问题，刺激科技、研发等经济活动。而中国的财政政策仍然承担着重要的逆周期调节职能，在某些时点甚至会左右经济走势。

随着产业结构从制造业向服务业的演化，服务业对通货膨胀的影响作用逐渐增大，而服务业的价格主要取决于工资和就业形势。因此当就业低迷时，美国的通货膨胀率往往比较低，货币当局有很强的动机去刺激就

---

① Malerba, F., "Demand Structure and Technological Change: The Case of the European Semiconductor Industry". Research Policy, 1985, 14 (5), pp. 283 – 297.

② Kershaw, J. A. and R. A. Levine., "Poverty, Aggregate Demand, and Economic Structure". The Journal of Human Resources, 1966, 1 (1), pp. 67 – 70.

③ Kuznets, Shares of Upper Income Groups in Income and Savings. New York: National Bureau of Economic Research. 1953; Williamson, J. G. and Lindert, P. H., *Amrican Inequality: A Macroeconomic History*. New York: Academic Press. 1980; 安东尼·B. 阿特金森和弗兰科伊斯·布吉尼翁：《收入分配经济学手册》，蔡继明等译，经济科学出版社，2009。

业，而不必过分顾及通胀风险；而中国的货币当局对通胀必须保持高度警惕。

（3）Kuznets 有关增长、产业结构同收入分配关系的假说，尽管 20 世纪 90 年代以来遭到越来越多的怀疑，但对关系展现出来的趋势和拐点的观点无疑具有很大的预测性。美国 240 年的收入分配演变历史基本证实了完整的倒 U 形趋势，中国近 30 年的收入分配差距变化证实了倒 U 形的上升部分，今后可能在很大程度重复美国的历程，比如“不平等高原”，中长期内周期性的大幅波动。美国公众对收入与财富分配差距容忍程度远远大于中国公众，因而对分配不平等的治理要求低于中国。在收入分配差距高度不平等时期，美国依赖扩张性财政支出、转移支付和个人所得税等手段进行治理，防止收入与财富分配差距的过分拉大，或者缓解其恶化势头。中国客观上践行了中期内以增长促平等的理念，但短期内的财政治理手段成效不明显，甚至一定程度上助推了不平等拉大的势头。

（4）尽管按照金融结构的发展阶段理论，会先经历银行雏形阶段，再出现信用货币创造的银行主导阶段，最后过渡到非货币金融工具迅速扩张的金融市场主导阶段。但是，也有部分国家由于有意压抑金融市场发展，而长期停留在银行主导阶段，较为典型的例子是德国和日本。银行主导与金融市场两种主要的金融结构类型各有优势。银行主导的金融体系在防范金融短期风险方面能力更强、表现更好，而金融市场主导的金融体系在资本配置方面的效率较高。

中国银行业直至 2015 年 1 月，金融资产达到 169.68 万亿元，占据着 81.66% 的金融资产份额，而在 2010 年更占据着 92.8% 的金融资产份额。2012 年银行信贷依然占据着金融市场上半数以上的最主要融资工具的地位。融资手段的相对简单和依赖，使得中国的货币化进程与其他国家相比货币化程度畸高。随着中国金融结构的多元化发展，这一现象将会有所缓解。随着中国金融结构的成熟，社会融资总规模中直接融资比例与银行理财产品数量和规模均大幅上升，中国已经出现了较大范围的金融脱媒现象。

财政政策中与金融结构关系最为紧密的领域是公债，即国债和地方债。但是中国的国债发行目的主要是弥补国家财政赤字。鉴于平衡财政的理念，中国的国债规模相对有限。由于市场基准利率水平难以确定，整个金融市场发展也受到制约。

三　可能的创新

在产业结构方面，课题组通过对中美两国的产业结构从产出、就业、劳动生产率方面进行了详细的比较，探讨了产业结构对财政政策侧重点的影响，分析了产业结构对货币政策目标以及政策工具的影响，并对中美两国的财政货币政策进行了比较，为改进中国的宏观经济治理提供了新的思路。

在需求结构方面，从理论上系统而完整地分析了需求结构对于宏观治理的作用，区分不同的需求结构下，其对财政政策和货币政策的政策目标、政策工具以及政策传导机制产生的影响，在一定程度上填补了理论研究的空白。

在分配结构方面，比较分析了美国近 200 年和中国近 60 年分配结构的演变、分配结构在宏观治理中的地位、分配结构同财政政策 – 货币政策工具选择与治理效果之间的相互关系，澄清了分配结构演变中的客观性，证实了应用宏观经济政策缓解分配差距恶化势头的可行性。

在金融结构方面，通过金融相关率、金融产业占比、金融机构构成、金融工具构成等量化描述工具，对中美两国的金融主体结构演变进行了长跨度的研究。运用金融结构研究理论，分析金融结构与经济发展状况之间的关系。结合金融监管制度和机构变化，分析其与金融结构变化之间的相互影响。针对个别易混淆的问题如中国“高度经济货币化”予以阐明。从利率市场化、货币政策选择、“城投债”等热点问题入手，分析金融结构对货币政策、财政政策的影响。

第三节　小结

经济结构是长期经济问题，宏观经济治理本身也是一种以长期经济增长为目标的宏观经济管理，但是，以财政政策和货币政策为代表的宏观经济治理则偏重的是短期经济稳定目标。因此，长期的经济结构通过传导机制影响短期的财政政策和货币政策的有效性，也决定了有效的财政政策和货币政策的工具选择。

为了保证财政政策和货币政策的有效性，我们有必要从经济结构的角度展开对财政政策和货币政策传导机制的分析，从而有别于以往对财政政策和货币政策传导机制本身的研究，将对传导机制的研究具体化为经济结构对传导效果的影响，进而为财政政策和货币政策的工具选择提出更有针对性的意见。这种研究思路本身就使得我们有可能不同于以往的研究而有所创新。

对经济结构的研究将主要从生产结构、需求结构、收入和财富分配结构以及金融结构等四个方面展开，同时在每一部分，还将结合体制结构进行分析。特别是由于我们的研究还将主要从中美经济结构变化以及财政政策和货币政策措施的历史演变展开，因此，对于体制结构的比较分析将使得我们能够在尊重经济发展自身规律的基础上，结合中美经济不同的发展阶段比较，客观判断经济结构与财政政策和货币政策之间的关系，正确评价当前中国的经济政策和宏观治理，提出符合中国国情、适合中国发展阶段的政策建议。

第二章　经济结构对宏观治理的影响：理论分析

第一节　宏观治理

要说明什么是宏观经济治理，首先要了解治理的概念，其次要明确宏观经济治理的内涵和外延，最后还可以通过与宏观经济管理和宏观经济调控等相近概念的对比和辨析进一步深入理解宏观经济治理的概念。

一　治理的概念、类型与机制

随着全球对公共治理的关注范围变得更为广泛，对于治理的概念界定出现了多种说法，直到现在仍是一个相对模糊和复杂的概念。表 2 - 1 列示了不同机构对治理的定义。

表 2 - 1　不同机构对“治理”概念的定义

提出机构	治理的概念定义
经济合作发展组织	运用政治权威，管理和控制国家资源，以求经济和社会的发展
全球治理委员会	治理是各种公共的或私人的个人和机构管理其共同事务的诸多方式的总和
世界银行	为了发展而在一个国家的经济与社会资源的管理中运用权力的方式
维基百科	和“统辖”、“管辖”、“统治”接近，在政治学领域，通常指国家治理，即政府运用治权来管理国家、人民和领土，以达到国家发展的目的

二　宏观治理的本质、内涵与外延

从国际组织的研究来看，世界银行更强调宏观经济治理

(macroeconomic governance) 的概念，IMF、OECD 多用宏观经济管理 (macroeconomic management) 的概念，两者略有差别。之所以会出现这种差异，可能就在于 IMF 关心短期波动防止危机，世界银行关注长期结构问题。

世界银行认为，治理是基于发展目标，在管理国家的经济和社会资源时的权力执行方式；此外，还有定义认为治理是在经济社会领域，分配资源、协调活动所采用的制度、官僚体系以及联盟。因此治理一词具有制度的含义。

总之，宏观经济治理是指对于宏观经济的治理，顾名思义，指政府运用治权来管理宏观经济，推动宏观经济的稳定增长。宏观经济治理更关注长期的经济增长。宏观经济治理的措施可以包括很多方面，笔者认为，广义宏观经济调控可用的政策工具大致接近宏观经济治理的政策措施。故而，宏观经济治理不仅包含狭义宏观调控（一般意义上的宏观调控）的财政政策和货币政策，还包括产业政策和城市化策略，国有资产和外汇资产管理，资本市场、房地产市场和劳动力市场的发展策略。

三 宏观治理的条件与机制

与宏观经济治理概念直接相关的有：宏观经济调控、宏观经济管理。宏观经济治理与它们有很强的相关性，但区别也是显而易见的。总体上，宏观经济治理的概念内涵最丰富，包含的政策内容也最多，宏观经济调控的概念内涵要小于宏观经济治理，而宏观经济管理是宏观经济治理的微观和具体措施。表 2－2 总结这三个概念的异同。

表 2－2 宏观经济治理、宏观经济调控和宏观经济管理的概念比较

概念	宏观经济治理	宏观经济调控	宏观经济管理
宏观经济治理	宏观经济治理是指对宏观经济的治理，顾名思义，指政府运用治权来管理宏观经济，推动宏观经济的稳定增长。	①宏观经济治理的概念内涵比宏观经济调控的概念内涵更广，涉及的内容更多。②宏观经济调控是市场经济模式下的概念，宏观经济治理涉及的概念更加广泛，对计划经济模式下的宏观经济同样可以治理。③宏观经济治理更加直接和主动，宏观经济调控体现的是间接地调控和调整。	—

续表

概念	宏观经济治理	宏观经济调控	宏观经济管理
宏观经济调控	—	宏观经济调控是指国家运用计划、法规、政策和道德等手段，对经济运行状态和经济关系进行干预和调整，把微观经济活动纳入国民经济宏观发展轨道，及时纠正经济运行中的偏离宏观目标的倾向，以保证国民经济的持续、快速、协调、健康发展。	—
宏观经济管理	—	①宏观经济治理涉及的内容更关注制度、法律、权责利划分等本质和高的层面；而宏观经济管理关注具体的管理措施，感觉更细分和微观一些。②宏观经济管理是一个纯经济学或管理学的概念，对国民经济运行整体进行调节和管理；而宏观经济治理是一个经济学与政治学结合的概念，侧重在政治和政策上采取措施。	宏观经济管理是指对全社会的经济活动从总体上进行控制和调节，为微观经济活动创造必要的条件，促进整个国民经济的发展。

注：同一概念交叉的内容介绍这一概念的含义；两个不同概念交叉的内容分析两者的差异。

第二节　生产结构影响宏观治理的理论分析

经济增长、就业、通货膨胀和国际收支平衡这四大目标之间有密切联系，经济增长和就业之间存在“奥肯定律”，增长和就业之间存在菲利普斯曲线，政策制定者必须对不同的目标进行权衡。随着生产结构的变化，政策制定者对不同目标的权衡关系会发生变化。

一　产业结构影响宏观经济的稳定性，进而影响财政政策职能的定位

与制造业相比，服务业的需求弹性相对较小，增长波幅相对稳定。随着经济的发展，服务业比重逐渐提高，该国的经济运行更加成熟，宏观经济的稳定性有所提高，相机抉择财政政策的逆周期宏观调节职能逐渐弱化，财政政策的首要目标是解决各种社会问题，如美国联邦政府的财政支出主要用于社会保障、医疗保险、国防等方面，保持短期宏观稳定是财政政策第二位的任务。

二　产业结构影响一国的增长源泉，进而影响该国的财政政策实施重点

一国经济增长的根本源泉是劳动力、资本和全要素生产率的提高。具体到每个国家，各个要素的贡献率是不一样的，这将影响财政政策的实施重点。如果一国的经济增长主要依靠资本和劳动，财政政策将可能会对投资和劳动密集型产业更加关注；如果一国的经济增长主要依靠全要素生产率，财政政策可能会更加看重人力资本、科技研发等方面的投资，更加注重人的因素，更加注重软实力的提升。

在工业化加速发展时期，城市化处于加速阶段，桥梁、公路、机场等保障货物运输的基础设施容易对经济运行产生瓶颈约束，政府投资也往往着眼于这些领域；随着工业化进入平稳发展时期，政府投资会出现转化，进入信息化时代之后，经济增长更加依赖效率提高和科技进步，企业投资逐渐向技术密集型的设备、软件等领域倾斜，对大规模基础设施的需求有所减弱（美国甚至出现基础设施老化），政府投资也更加注重科技研发等领域，注重软实力的提升。

三　产业结构会影响上下游之间的通货膨胀形成机制，进而影响货币政策的目标选择

货币政策目标是实现就业最大化和保持物价稳定，在不同的产业结构背景下，两个目标的权衡侧重必然会有所变化。

产业结构是经济的供给结构，会影响通货膨胀形成机制，进而影响货币政策目标。在工业化加速阶段，产业结构以制造业为主，原材料、食品、制成品在通货膨胀形成过程中的作用就会更大，上下游之间的价格传导机制较强，原材料价格上涨很容易造成整体通胀，货币政策必须对通货膨胀保持警惕；在平稳工业化时期，大宗商品对通货膨胀的作用仍然较强，工资增长压力较大，容易形成物价－工资－物价之间的螺旋式上升局面，因此货币政策的扩张空间仍然有限；进入信息化时代之后，科技、密集型的现代服务业成为主体，增长从要素投入型转向效率提高型，原材料对价格形成的重要性有所下降，非熟练劳动力的需求下降，工资增长缓慢，这就容易促成长期的低通胀环境，因此在经济衰退时当局可以不担心通胀风险，可以将失业率目标明确化，可以大规模地运用货币政策。而且随着金融体系的完善和金融市场

的深化，利率信号会广泛影响到经济运行的各个方面，货币政策在宏观调控中的作用会进一步的凸显。

第三节 需求结构影响宏观治理的理论分析

需求结构影响宏观治理的途径是，经济发展的阶段决定了需求结构的特征，而需求结构的特点会影响宏观经济政策的效果，同时影响宏观经济政策目标，最后宏观经济政策调整了需求结构。宏观经济政策的目标包括经济增长、充分就业、物价稳定和国际收支平衡，需求结构会影响这些具体目标的选择和着力点。

需求结构对财政和货币政策的影响包括对政策目标、政策工具和政策主体三个方面的作用，但主要通过两个渠道：其一，需求结构会影响财政和货币政策的目标，结构的不完善和存在的问题必然要求财政和货币政策相应调整，尽可能地促进经济结构的协调；通过影响财政货币政策目标而影响政策制定。其二，需求结构会影响财政和货币政策工具的传导，进而会影响政策的效果，即通过影响政策工具的传导机制来影响政策制定。

具体的，需求结构中三大需求之间的结构、消费需求内部的结构、投资需求内部的结构以及净出口需求内部的结构都会对财政和货币政策产生影响。表 2 - 3 从这几个方面，在一般理论上系统分析需求结构对于财政货币政策的影响。

表 2 - 3 需求结构对财政和货币政策影响的一般理论分析

结构类型	具体结构类型	对财政货币政策目标的影响	对财政货币政策工具的影响
三大需求结构	消费占比高的结构	以经济增长、充分就业和物价稳定三大目标为主，兼顾调节消费占比高的结构状况	①财政政策方面，针对消费的调节措施能够更加显著地影响国民经济，消费税、增加居民收入的转移支付等政策效果好，而政府采购等政策措施作用较弱。②货币政策方面，利率等针对消费的调节措施效果更加显著，而存款准备金率和公开市场业务等的作用效果稍弱。

续表

结构类型	具体结构类型	对财政货币政策目标的影响	对财政货币政策工具的影响
三大需求结构	投资占比高的结构	以经济增长、充分就业和物价稳定三大目标为主，兼顾调节投资占比高的结构状况	①财政政策工具上，针对投资的税收调节效果更加显著，而政府采购和转移支付措施对于投资的影响较小，进而对国民经济的调节效果有限。②货币政策工具上，利率措施会直接影响投资的融资成本，对于投资的影响显著，进而对国民经济的调节效果更加突出；存款准备金率和公开市场业务并不是直接针对投资的政策措施和工具，对于投资以及国民经济的调节效果有限。
	净出口占比高的结构	以经济增长、充分就业和物价稳定三大目标为主，兼顾调节净出口占比高的结构状况	①财政政策工具上，对于贸易进出口的征税以及贸易限制和壁垒措施对于整体国民经济的影响较大，能够更好地实现调节经济的目标。而政府采购和转移支付等政府支出工具对进出口的影响小，政策效果有限。②货币政策工具上，利率、存款准备金率和公开市场业务都不直接针对贸易进出口，政策工具和政策效果较少受到净出口结构影响。
消费结构	基本消费品占比高的结构	以经济增长、充分就业和物价稳定三大目标为主，兼顾调节消费结构失衡的状况	①财政政策工具上，对基本消费品消费的税收调节以及通过转移支付提高收入都能够起到直接的效果；而政府采购措施对于消费的影响较小，政策效果也有限。②货币政策工具上，利率措施对于消费的作用显著，政策效果较好，而存款准备金率和公开市场业务对消费的作用有限，政策效果较差。
	高档消费品占比高的结构	以经济增长、充分就业和物价稳定三大目标为主，兼顾调节消费结构失衡的状况	①在财政政策工具上，对高档消费品消费的税收调节，以及通过转移支付提高收入能够直接作用于消费需求，对国民经济的调节效果更优。②在货币政策工具上，利率直接影响消费，因而具有更加显著的政策效果，存款准备金率和公开市场业务作用效果比较而言会较差。

续表

结构类型	具体结构类型	对财政货币政策目标的影响	对财政货币政策工具的影响
投资结构	投资主体结构：		
	政府投资占比大	以经济增长、充分就业和物价稳定三大目标为主，兼顾调节投资主体结构失衡的状况	①财政政策工具上，直接作用于政府投资的政策措施效果好，如投资税收，政府支出的变动等。②货币政策工具上，利率的效果更明显，而存款准备金率和公开市场业务作用有限，而要转变政府投资占比过大的局面，可采取差别利率政策。
	私人投资占比大	以经济增长、充分就业和物价稳定三大目标为主，兼顾调节投资主体结构失衡的状况	①财政政策工具上，直接作用于私人投资的政策措施效果好，如投资税率调整。②货币政策工具上，利率的效果更明显，而存款准备金率和公开市场业务作用有限。
	投资产品结构：		
	劳动密集型占比大	以经济增长、充分就业和物价稳定三大目标为主，兼顾调节投资产品结构失衡的状况	①财政政策工具上，针对劳动密集型产业的税收措施和政府支出措施效果最佳，能够在较大程度上影响国民经济；转移支付及针对其他产业的税收措施和政府支出措施的政策效果较差，对整体国民经济的影响也较小。②货币政策工具上，针对劳动密集型产业的利率措施取得的政策效应较大，而存款准备金率和公开市场业务等政策工具的作用有限。
	资本和技术密集型占比大	以经济增长、充分就业和物价稳定三大目标为主，兼顾调节投资产品结构失衡的状况	①从财政政策工具的传导机制和作用效果上看，针对资本和技术密集型产业的税收政策以及政府支出政策能够在更大程度上影响国民经济，而非针对资本和技术密集型产业的政策措施以及政府采购等政策的作用效果有限。②在货币政策工具选择上，针对资本和技术密集型产业的利率措施更能够影响国民经济整体，而存款准备金率和公开市场业务是对市场流动性的调节，作用效果有限。

续表

结构类型	具体结构类型	对财政货币政策目标的影响	对财政货币政策工具的影响
净出口结构	出口和进口的规模结构	以经济增长、充分就业和物价稳定三大目标为主，兼顾调节进出口规模结构失衡的状况	①财政政策方面，对于进出口税收的调整（如关税水平和进出口退税措施）能够影响贸易进而影响国民经济。②货币政策方面，利率调节的作用效果还需要更多地看国内其他状况，存款准备金率和公开市场业务的政策效果也较少受到贸易顺差或者逆差状况的影响，故而顺差状态较少对货币政策传导机制形成影响。
	出口结构	以经济增长、充分就业和物价稳定三大目标为主，兼顾调节出口结构失衡的状况	出口结构对于财政和货币政策传导机制进而对政策效果的影响并不明朗，作用渠道也较为间接。
	进口结构	以经济增长、充分就业和物价稳定三大目标为主，兼顾调节进口结构失衡的状况	财政和货币政策工具受进口结构影响的方向不确定，没有直接的影响。

第四节　收入与财富分配影响宏观治理的理论分析

收入与财富分配如何影响宏观治理？人们知之甚少①。以下内容首先介绍“经济→政治”的理论模型。假定分配差距的宏观治理在如下系统中进行。该系统包括三个集团：公民、政治代表和政府。每个集团的行为都以自身的“效用”最大化为目标。

平等是宏观治理的基本原则。作为一种道义，平等居于人类思想的中

① Task Force on Inequality and American Democracy, "American Democracy in Age of Rising Inequality." *Perspectives on Politics* 2：2004, 651 – 666.

心。美国等国家甚至赋予法律面前平等的第一原则。无论富人或穷人，公民对自己权益（包括金钱）的诉求，可以通过政治治理来处理。每个公民都拥有政治参与机会，能够向政府——宏观治理使命的主要承担者——充分地反馈自己的诉求。政治代表是公民和政府之间的治理主体。该层次可能包括多级政治代表，具体情况取决于所在国家的治理模式。政治代表能够重视每个选民的意见，将其意见完整地向政府反馈。政府从政治代表那里获得选民的意见，对各种民意赋予一定的重视程度，将这些民意综合，最终形成国家和政府的公共政策。

一　基本假设

上述收入/财富的宏观治理模型存在如下三个关键行为参数：公民的政治参与程度，政治代表对选民（公民）意见的重视程度，国家或者政府对待民意的公平程度。这三个假设的主体依次是公民、政治/民意代表（政党）和政府，体现了“微观→中观→宏观”的基本利益诉求路径，宏观治理的逻辑由此产生。

这三个参数的取值均介于0和1之间（包括0和1）：0表示公民不参与政治、政治代表不重视选民意见、国家或政府极端不公平对待民意；1表示全部公民均参加政治、政治代表完全公平对待选民意见、国家/政府完全公平对待民意。

最理想的宏观治理模式将上述三个参数的取值均假设为1，即：不论自身收入与财富的高低，公民之间的政治参与程度是相同的；政治代表，对每个选民的重视程度是相等的；在政治领域和政府那里，每个公民的偏好都得到平等的对待。显然，上述假设的核心是“平等”。这意味着一国公民关于收入与财富的观点，通过自己、政治代表和政府等主体，能够充分地进行传递，并在最终的公共政策中得以平等的体现。

极端平等（三个参数均为1）或者极端不平等（三个参数均为0）的收入分配宏观治理模式，在现实中几乎均不存在。而且，在上述宏观治理模式中，各主体内部可能同时存在自我治理机制，比如消费者协会、行业协会、政党组织、政府部门之间的协作，等等。此外，不同国家的政治体制也可能存在差异，比如是否民选。或者作为约束条件，或者作为外部环境，这些因素都会对收入/财富分配的宏观治理模式产生影响。

二　主要内容

公民的目标是自身收入和财富权益的最大化，具体表现为获取收入的机会要尽量地多，收入尽量地高，财富保值增值的能力尽量地强。所有人都有权获得劳动成果。在存在多个生产要素时，劳动成果应基于技能和禀赋来分配，但资本所有权和天赋能力并不是平等分布的①。如果宏观治理不当，可能会形成“强者越强、弱者越弱”的分配格局，不利于经济与社会的可持续发展。无论是在公民个人能力和选择层面，还是公共收入分配层面，作为宏观治理最重要的主体，政府对收入与财富分配的治理都可以大有作为，但也要慎为。

政治代表的目标是通过为公民利益代言，以尽可能多地获得政治选票。大众偏好和政策选择的变化，可以通过选区或行政区或其他地理单位，按议题或者时间来观察。假定，选任官员会对其选区所有选民的看法做出反应，以及各个选区中、议题上或时期内的平均民意充分反映大众偏好。研究显示，不同党派的意识形态之间，可能存在非常大的差别。事实上，对选区富有阶层、中产阶层、贫穷阶层选民的看法，选任官员的回应可能并不平等。

政府的目标是尽量创造经济增长与发展机会，让每个集团都能获得参与增长的机会过程，并以此为自己的执政基础。政府重视收入与财富分配的治理，在于收入分配差距的恶化将导致重大的经济与社会恶果。恶化的收入与财富分配必然阻碍长期经济增长。现有文献多从微观上来论证收入分配差距对经济增长的影响机理②。由于低收入家庭的边际消费（储蓄）倾向不同于高收入家庭，收入分配差距会影响总消费继而总需求结构，进而影响投资配置，尤其是对人力资源的投资配置。收入分配差距还影响到再分配政策及其有效性。因为严峻的收入分配差距问题，中等收入国家可能陷入“中等收入陷阱”，从而中断经济增长进程，不利于政府的稳定。

此外，政府并不是超脱于利益分配的市场主体。政府如果在国民收入分

① Sahota, G., “Theories of personal income distribution: a survey”, *Journal of Economic Literature*, 1978, 16, 1-55, pp. 34.

② Bagliano, FC and G. Bertola, *Models for Dynamic Macroeconomics*, Oxford Scholarship Online Monographs, 2004.

配中占据强势地位，可能在整个市场运行中也会占据强势地位，从而不利于其他分配主体获取应得的机会和利益，进而恶化分配差距，最终不利于政府运行甚至影响政权的可持续性。这事关整个经济运行体制和机制中“政府—市场”关系的动态定位。

三　结论

平等尽管是上述模型的核心理念，但或因为自身素质，或因为技术难度，或因为意识形态偏见导致的政治自觉性差，公民、政治代表和政府三个集团的行为没有充分体现平等精神，相互博弈之后，最后形成的宏观治理政策很难具有充分平等精神，甚至远远偏离平等原则。客观上看，宏观治理政策即使能够充分体现平等精神，坚守平等原则，但至多只能缩小部分不平等，既因为多数不平等是客观的，难以完全消除，也因为利益集团之间的博弈导致很大的不确定性。

第五节　金融结构影响宏观治理的理论分析

金融在经济活动中不仅起到资本因素的作用，如增长模型中对于金融资本要素的分析以及对于金融深化和金融抑制的分析，而且实际上，金融与经济发展之间还具备相互影响、相互作用的关系。金融结构的影响和作用，既影响着经济的发展速度，同时也影响着经济周期（频率）的变化。金融结构包含着信息经济学、一般均衡、产业经济学、法学以及政治经济学等一系列学科。

一　金融结构的定义和度量

随着数十年金融体系的革命性演变，金融结构已经发展成为一个全方位、多角度、多层次的系统立体概念。根据美国金融学家戈德·斯密斯（Raymon W. Goldsmith）[①] 的划分，金融结构主要可以从金融机构化程度以及金融工具两个视角加以度量，而金融的重要性则主要体现在其对宏观经济的影响程度上如金融相关率等指标，如表 2－4 所示。

① 戈德·斯密斯：《金融结构与金融发展》，周朔译，上海：三联书店，1994。

表 2-4　金融结构指标体系

序号	指标描述	备注
1	金融相关率	宏观结构指标
2	金融机构的相对规模	金融机构化指标
3	金融机构持有非金融机构发行金融工具的比例	金融机构相关度指标
4	金融机构相互持有资产占金融机构总资产比例	
5	非金融机构内部、外部融资比例	金融市场微观结构指标
6	外部融资金融工具的相对比例	

资料来源：根据戈德·斯密斯著《金融结构与金融发展》，周朔译，上海：三联书店，1994 年版整理。

前期的研究表明：①欠发达国家的金融相关度一般较发达国家为低，其融资成本也更高；②银行系统在金融机构资产总额中的比重趋于下降；③经济增长与金融发展之间存在正相关关系；④金融技术与管理经验较易通过整体移植获得成功。

二　金融结构与经济治理关系的基本理论

金融结构是一国经济发展的最重要的变量之一，是金融市场、金融机构和金融工具在金融资源动员和转移结构性能力上的综合反映。完善的金融结构是促成收入、储蓄、投资转化良性互动的内在动力，是确保宏观经济可持续健康发展的制度基础。国际国内对金融结构模式选择大致可以分为三个流派：金融结构的发展阶段论、金融结构的法律制度决定论和金融结构功能决定论①。

（一）金融结构的发展阶段论

金融结构的发展阶段论认为金融结构主导模式在时间上是继起的，形式上是替代、由低到高、有明晰的渐进式脉络。在这种理论框架下，经济发展决定金融结构变迁。但同时，金融结构发展又促进或制约经济发展。经济发展是经济活动与金融活动不断融合的过程、是金融总量增长的过程，也是金融结构的变迁过程。随着时间演进，金融机构往往明显呈现阶段性演进的若干阶段：从实物货币的银行雏形阶段、信用货币创造的银行主导阶段，最终到非货币金融工具迅速扩张的金融市场主导阶段。

① 姜海川：《金融结构演进比较研究》，国际经济贸易学院博士学位论文，2006。

在考虑到政治、经济制度以及历史差异后，金融体系常被划分为银行主导型和市场主导型，并成为影响金融结构发展的重要因素。Allen 和 Gale①，Demirguc - Kunt 和 Levine② 分别在 2000 和 2001 年研究了两类不同金融体系下，资源配置以及风险管理方面的差异。发现不同类型金融体系中金融主体会以不同方式发挥作用，并影响资金配置效率和风险控制，同时对一国经济发展产生影响。市场主导型金融体制在配置资源方面的效率较高，而银行主导型金融体系在防范内部短期风险方面的能力较强。银行主导有助于减少储蓄向投资转化的信息不对称问题，而市场主导型则有利于金融创新等信息的处理。

（二）金融结构的法律制度决定论

在这一理论框架下，金融结构取决于经济治理，或者说制度决定结构。La Porta、Lopez - de - Silanes、Shleifer、Beck 和 Vishny 等学者认为一国法律体系的渊源与该国金融结构形成和演进之间存在内在联系。因为所有的金融行为都是建立在合约基础上，金融市场所依赖的法律环境的完善程度决定了金融机构的权益以及实施机制的效率。这一流派从法律制度对市场投资者和银行债权人的保护程度角度，把金融结构异同归结为各国法律制度的差异。因为无论何种金融体系，完善的法律制度都能确保在相同市场条件下金融体系发挥应有的作用和效率。

一般而言，具有普通法系的国家往往更倾向于对市场投资者的保护，因而更容易发展出市场主导型金融体系；而成文法传统的国家则较为强调银行债权人的权利，由于相对缺乏对市场投资者的保护，最终倒向银行主导型金融体系。

表 2 - 5　普通法与成文法在金融领域的基本差异

普通法	成文法
倾向于对市场投资者的保护； 更重视中小股东的权利；	较强调银行债权人的权利
大公司股权分散化结构趋势明显；	股权一般较为集中
偏向发展市场主导型金融体系；	偏向发展银行主导型金融体系

① Allen, F. , and Gale, D. , *Comparing Financial Systems* . Cambridge and London: MIT Press, 2000.

② Demirguc - Kunt, A. , and Levine, R. , *Financial Structures and Economic Gorwth: A Cross - country Comparison of Banks, Markets, and Development.* Cambridge, MIT Presss, MA, 2001.

三　金融结构与宏观经济治理的相互影响方式

成熟的金融市场与健康的金融结构，如同人体血管网络，通过高效的资本配置能力，促进经济增长。金融深化可以通过四种效应有助于一国经济增长：①提高储蓄水平的储蓄效应；②投资效应；③就业效应；④收入分配效应[①]。在深化金融结构方面，政府对于金融部门的选择性干预有助于金融深化，通过控制存贷利率、约束市场竞争和限制资产替代等措施，为金融部门创造租金[②]。

金融结构会限制经济政策选择。正如亚当·斯密在《国富论》中所言，商业发展的不同阶段，有与之相适应的制度和经济政策选择。这些经济制度和政策源于生产活动的客观需求。在不同的经济结构下，考虑到政策，对于金融市场不发达、银行主导的金融结构，货币供应量的控制比控制利率的效果更为显著。由于经济结构的制约，不同经济政策的效果在不同时期的效率是存在差异的。

但是，金融结构的长期发展方向受制于政府的金融管理理念，而该理念又受到社会、历史、文化、法制传统、民族性格等一系列因素的影响。理念上的差异直接引致了政策偏好乃至市场行为方面的差异。例如英美的“安格鲁－撒克逊”自由市场经济模式通常以市场管理、市场融资为经济政策出发点；而中国以及德国与北欧国家则偏好“莱茵模式”，主要以政府引导、银行贷款融资为核心。又如美、英等国强调市场化、自由化，采用普通法系，其金融结构的发展趋向于市场主导体系。而德、日等国则偏向风险厌恶、强调金融稳定，主要采用大陆法系，其金融结构发展趋向于银行主导体系。

对金融监管政策的研究已经证实，国家金融制度安排的导向与松紧，会对金融结构产生巨大影响。美国投资型金融机构的蓬勃发展与发展初期对于该类机构的缺乏监管之间存在着直接的联系。宽松的监管环境在极大地促进美国金融市场发展的同时，也带来了更大的金融不稳定性。

---

① Shaw, E. S., *Financial Deepening in Economic Development*, Oxford: Oxford University Press, 1973.

② Caprio, G. m Honohan, P., and Stiglitz, J., *Financial Liberalization, How Far, How Fast?* Cambridge: Cambridge Univ. Press, 2001.

第六节　小结

生产和需求结构对财政和货币政策的影响包括对政策目标、政策工具和政策主体三个方面的作用。生产、需求结构影响财政和货币政策的目标；结构的不完善和存在的问题要求财政和货币政策相应调整，进而通过影响财政货币政策目标而影响政策制定。生产、需求结构影响财政和货币政策工具的传导，进而影响政策的效果；也就是通过影响政策工具的传导机制来影响政策制定。客观上看，宏观政策即使能够充分体现平等精神，坚守平等原则，但至多只能缩小部分不平等，因为多数不平等是客观的，难以完全消除。成熟的金融市场与健康的金融结构，如同人体血管网络，通过高效的资本配置能力，促进经济增长，反过来金融结构会影响经济政策选择。

第三章　美国经济结构的历史演变

第一节　美国生产结构的演变

美国的技术进步和效率提高主要体现在现代服务业，其产出和就业比重均有大幅提高。美国的制造业产出和就业比重有所下降，但美国的制造业保持了核心竞争力，传统制造业的就业岗位大幅度减少；传统服务业的劳动生产率并不高，但吸纳了大量就业；第二次世界大战之后政府部门的就业和产出比重均出现先升后降的过程，说明 20 世纪 80 年代以来政府财政对经济的干预力度有所减小。

本部分主要分析如下产业：制造业、采掘建筑与公用事业、传统服务业、现代服务业和政府部门。其中，传统服务业包括批发、零售、运输与仓储、休闲娱乐、其他服务业；现代服务业包括信息产业、金融保险业、专业服务业、教育医疗业。

一　美国产业结构逐渐向服务业倾斜

二战以前尤其是大萧条以前，美国处于工业化加速阶段；二战结束初期，美国处于工业化平稳阶段；从 20 世纪 90 年代开始美国进入了信息化时代。这一点从图 3 - 1 得到了印证。

制造业占 GDP 的比重在 20 世纪 60 年代之前比较稳定，从 20 世纪 70 年代开始出现下降态势。这主要是受 20 世纪 70 年代的石油危机、环保主义兴起、其他国家竞争力增强等因素的影响。二战以来现代服务业快速增长，传统服务业稳中有降。这说明传统服务业大部分是生活性服务业，公众的需求相对比较稳定；而现代服务业主要是生产性服务业，现代服务业的兴起反

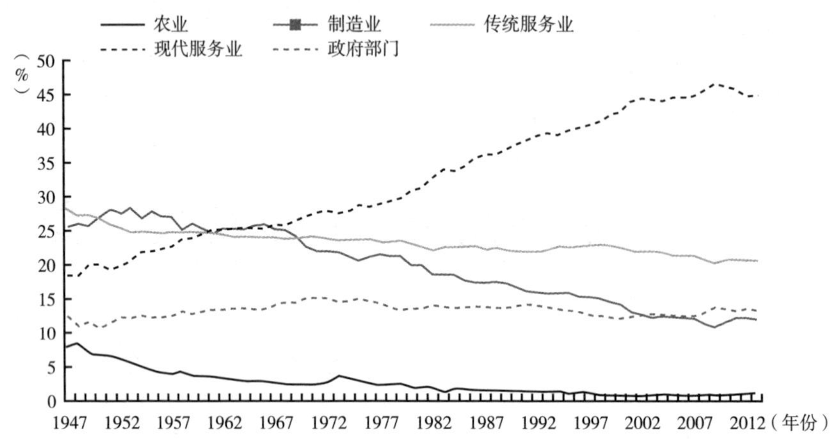

图 3－1　战后美国各产业占 GDP 的比重

资料来源：根据 BEA 数据整理。

映了美国知识密集型产业的崛起。

政府部门先升后降。20 世纪 60～70 年代之前政府部门的比重有所上升，当时凯恩斯主义思想盛行，再加上约翰逊政府倡导建立伟大社会，政府对经济的干预有所加强；这种思想在 20 世纪 70 年代之后经历了深刻的转型，美国保守主义思想开始复兴，重新反思政府部门在经济中的角色，政府规模缩小。这种演化趋势符合财政政策重要性的波动特征。

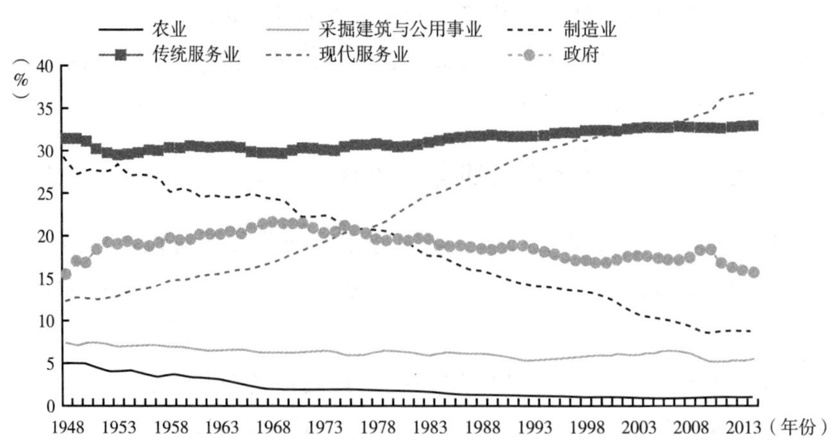

图 3－2　战后美国各产业就业占总就业的比重

资料来源：1948～2010 年数据来自 BEA，2011～2014 年数据来自 CEIC。

各产业在总就业中的比重与 GDP 结构基本类似。比如，政府部门的就业比重先升后降，农业部门的就业比重逐渐下降，然后保持在低水平；采掘建筑与公用事业的就业比重整体上较为平稳；制造业的就业比重从二战以后持续开始下降。

传统服务业和现代服务业比重变化有所差别。传统服务业在总产出中的比重在战后尽管有所下降，但其就业比重基本持平，说明传统服务业中技术、资本等生产要素难以代替劳动，是吸纳就业很重要的渠道。现代服务业的就业比重则持续上升，代表着新的产业发展方向。

二　美国现代服务业的劳动产出率较高，制造业保持核心竞争力

将图 3－1 和图 3－2 进行结合讨论，则可以得出更有价值的信息。将各个产业的产出比重除以就业比重，则可以得出各个产业人均产出相对于整体人均产出的相对值，简称相对人均产出，这个指标可以反映各个产业相对的劳动生产效率，其结果见图 3－3。

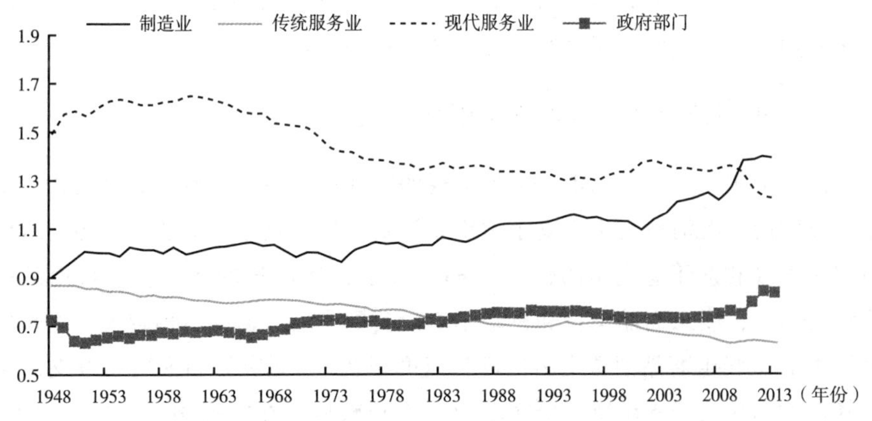

图 3－3　战后美国各个产业相对劳动生产率的演变

为分析方便，作者剔除波动性相对较大的农业和建筑业。相对劳动生产效率可能反映各个行业的技术进步速度，或者反映资本密集度，本文将不做进一步的区分。可以看出：传统服务业的相对生产效率一直处于下降状态，产出的增长速度低于就业的增长速度，而现代服务业的生产效率尽管有所波动，但一直是比较高的。

制造业的相对生产效率值得关注，尽管二战之后制造业的产出比重

和就业比重都持续下降，但是相对生产效率却一直在提高，尤其是20世纪末以来表现得尤为明显，这说明尽管美国的制造业比重和就业比重都在下降，但是就业比重的下降幅度更大，使得制造业的生产效率有所提高。

第二节　美国需求结构的演变

从国民经济核算的支出法出发，需求在整体上可以分为三个部分，分别是消费、投资和净出口。由于净出口涉及出口和进口两个方面，我们用贸易需求的分析代表净出口需求。以下分别从这三个方面对美国的需求结构进行解析。

纵观美国经济的发展历程，大致可以分为以下五个时期：①1860～1920年的自由工业化时期；②1921～1950年的危机和战争间断期；③1951～1970年的工业化平稳时期；④1971～1990年的调整时期；⑤1991至今的信息化时期。以下我们按照这些阶段划分分析美国需求结构。

一　美国的消费结构以服务消费为主

最近十年以来，美国消费结构呈现的特征是：服务消费占据总消费的主体，非耐用品的消费支出略高于耐用品消费支出，且服务消费支出的绝对值和相对值（相对于总支出的份额）都呈现了快速增长的势头。在耐用品的消费支出上，娱乐商品消费和机动车辆消费的支出占据的份额较大且增长较快（尤其是娱乐商品消费支出的增长速度很快），而家具和家用设备支出以及其他耐用品消费支出所占份额较小且增长较慢。在非耐用品消费支出上，其他非耐用品消费和食品消费的支出占据主体地位且增长较快，能源和服装消费支出所占份额较小且增长缓慢。

美国消费在总体上呈现了稳步上升的势头。从1929年开始，美国消费支出逐步增加；但真正进入快速增长时期是从20世纪70年代开始的。之后仅在2009年，由于全球金融危机的影响，消费有小幅下降；但2010年开始又很快恢复。一个显然的分界点是1970年，之前美国消费的增长速度较慢，非常稳定；而在1970年之后，消费增速显著提高并一直呈现快速增长势头（见图3-4）。

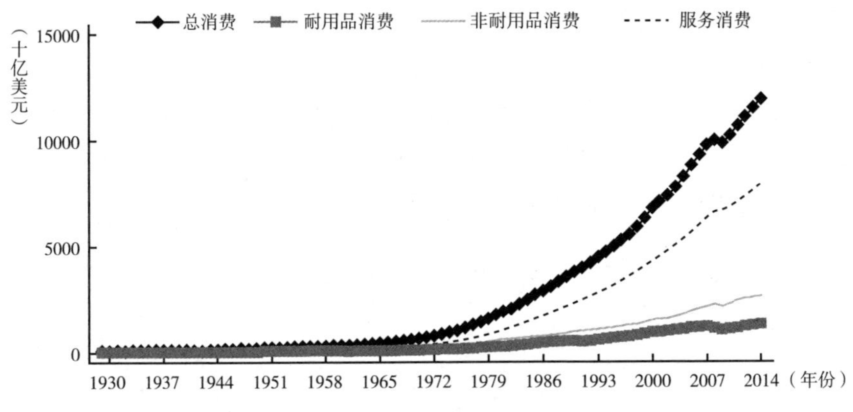

图 3－4　美国消费结构，按产品类型分类

资料来源：美国经济分析局（BEA），http：//www.bea.gov/。

纵观美国不同的历史时期，我们发现：自由工业化、危机和战争时期以及工业化平稳时期的美国消费需求不断增长但增速较慢，比较平稳；而消费真正进入快速增长是在 1970 年之后的调整时期和信息化时期。

从美国消费需求的结构变动趋势反观美国对消费的宏观经济治理，我们发现：①美国对于消费的宏观经济治理并不重视短期的财政和货币政策调控，而是着重从长期提高消费的层次和质量，同时很好地把握了政府与市场的关系，注重发挥市场经济的作用，且政府从长远规划与治理消费的发展；②美国宏观经济治理的理念是促进消费并着力提高消费层次，美国对于消费的需求较高，并且对于消费差距的社会容忍度低，因而美国对消费进行宏观经济治理的结果是美国的消费差距较小；③美国消费支出的主体在服务产品，以及一些消费层次较高的商品，并且这一趋势随着时间推移愈加明显，这体现了美国的消费治理取得了良好的效果。

二　美国的投资结构中私人投资占主体

美国投资的结构特点是：私人投资规模略大于政府投资，私人投资与总投资的变动趋势更为一致；私人投资的变动幅度较大，而政府投资变动稳定。

进一步分析私人投资和政府投资的细分结构。私人投资方面，私人商业投资占主体地位，且与私人总投资的变动趋势较为一致，而私人家庭和机构投资所占的比重较小。政府投资方面，州和地方政府投资占据主体地位，联邦政府投资所占的份额较小；增长速度上，州和地方政府投资增速明显高于联邦政府投资。

从美国经济的发展阶段看，与消费类似，美国投资在自由工业化、危机和战争时期以及工业化平稳时期的增速稳定缓慢，而在 1970 年之后的调整时期和信息化时期增速加快（见图 3－5）。

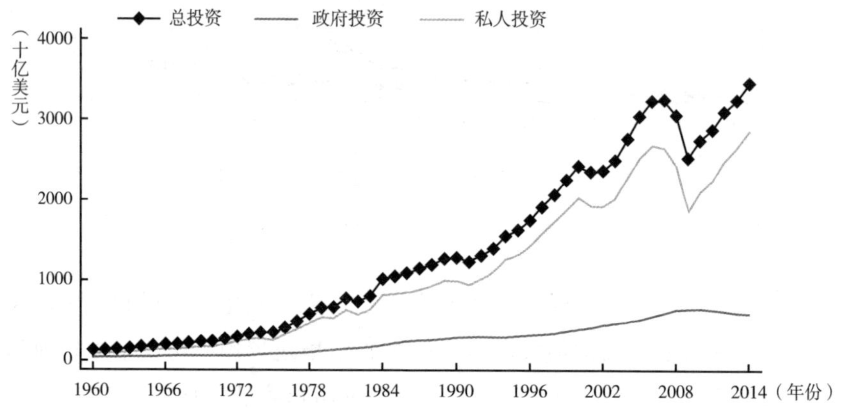

图 3－5　美国国内投资结构，按投资主体分类

资料来源：美国经济分析局（BEA），http：//www. bea. gov/。

美国投资结构的分析反映了美国对投资领域的宏观经济治理具有以下特征：①政府在与市场关系上，注重培育和完善市场经济体制，重视发挥市场机制作用，与此同时重视对于投资需求的宏观经济治理；②对投资的经济治理中，重视技术领域的投资，治理中注重提升技术水平；③对投资的经济治理以长期规划为主，短期的财政和货币政策干预措施很少，说明美国的经济治理主要是关注长期的经济增长。

三　美国的净出口结构中货物贸易比重更大，货物和服务较为均衡

美国出口增长较为平稳，货物出口占据主体地位，约为服务出口总额的 2.5 倍（2012 年数据，见图 3－6）。货物出口的产品结构上，机器和运输设备、化学品、不同种类的制成品、原料划分的制成品以及其他商品是主要的出口货物产品。服务出口的产品类型结构上，其他私人服务、专有权使用费和特许费、旅游服务、其他运输服务是主要的服务出口产品。

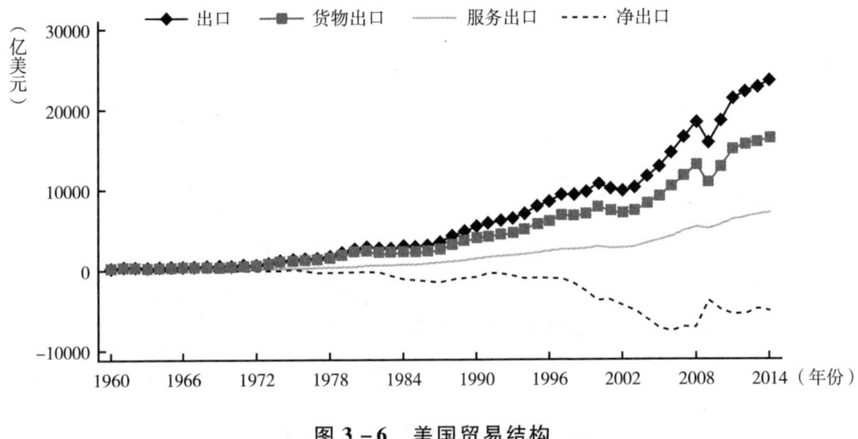

图 3-6　美国贸易结构

资料来源：美国经济分析局（BEA），http：//www. bea. gov/。

美国的整体出口贸易呈现不断增长的态势，增速自 1970 年开始大幅提高，增长速度新世纪（21 世纪）以来有所下降，尤其是受到全球金融危机的冲击，2009 年的出口下降显著。货物贸易和服务贸易划分的出口结构方面，货物出口是总出口的主体，不仅在总出口中的份额更大，且增长趋势与总出口更加一致。

从美国经济的发展时期来看。危机和战争间断期（1921～1950 年）以及工业化平稳时期（1951～1970 年）的出口贸易增速较慢，且净出口处于较为平衡的状态。而在调整时期（1971～1990 年）之后，美国出口增速加快，但贸易逆差也在不断增加，主要是美国消费增速加快，进口快于出口导致逆差扩大。

四　美国消费、投资与净出口结构的互动关系

美国消费、投资和净出口这三大支出中，消费占据主体地位。在三大支出的规模占 GDP 比重上，消费占据绝对主体地位，投资其次，最后是出口和净出口，且投资和出口的规模差距不大。时间变动趋势上，出口和消费的增长率较快，快于投资（见图 3-7 和图 3-8）。

从美国经济发展的阶段看，在 1921～1950 年的危机和战争间断期，美国消费和投资占比的波动较大，消费占比呈现下降趋势，而投资占比呈现上升趋势，净出口占比有所下降。在 1951～1970 年的工业化平稳时期，消费和投资以及净出口占比相对较为稳定，无明显波动。1970 年之后的调整时

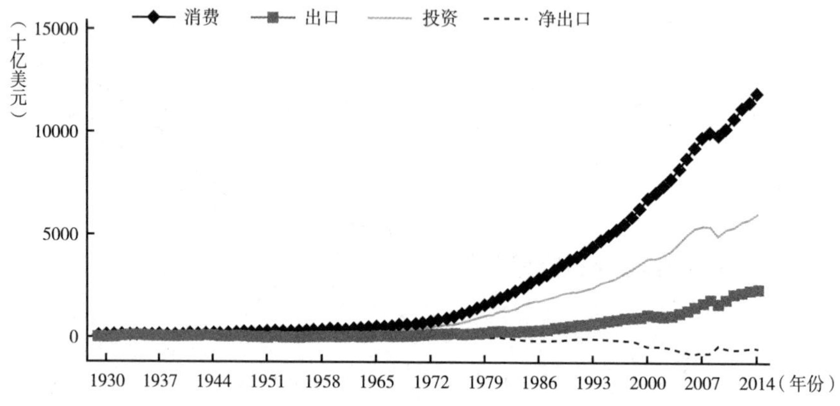

图 3-7　美国三大支出的规模比较

注：消费数据仅包含私人消费。

资料来源：美国经济分析局（BEA），http：//www.bea.gov/。

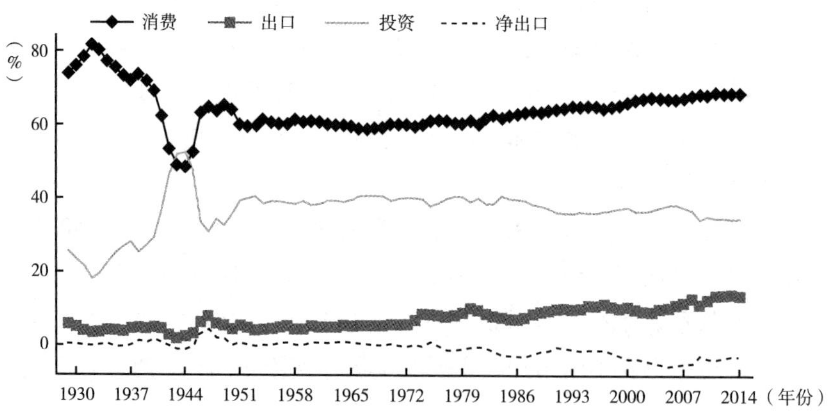

图 3-8　美国三大支出占 GDP 比重

注：消费数据仅包含私人消费。

资料来源：美国经济分析局（BEA），http：//www.bea.gov/。

期和信息化时期，整体上消费占比呈现上升趋势，而投资占比呈现逐渐下降趋势，出口的占比稳定且有微弱的上升趋势。

从美国消费、投资和净出口等需求结构反观美国的财政和货币政策，发现在美国经济增长的过程中，刺激投资和消费的财政政策同样发挥了重要作用。而随着美国经济发展水平的提高，金融市场不断完善，货币政策的作用在不断加强，财政政策的效果相对下降。

第三节　美国收入与财富分配的演变

19 世纪早期至 20 世纪 70 年代，美国收入与财富分配不平等的演变，证实了库兹涅茨假说。从 19 世纪 20 年代至 20 世纪 20 年代，除少数年份（如内战时期、一战时期）外，随着现代经济的增长，美国收入与财富分配差距快速上升，并在高位持续较长时间。从 1929 年到 1960 年代末，美国的收入与财富分配呈现出平等化趋势，合计长达 40 年。从 20 世纪 70 年代开始至今，美国收入与财富分配差距开始经历新一轮上升期，长达 40 余年，不平等的严重程度迫近美国历史最高水平（1880～1900 年代）。这使库兹涅茨假说遭遇空前的质疑，经济学理论因此面临巨大挑战。

一　劳动报酬和政府收入先升后降，企业收入先降后升

从宏观角度看，国内总收入一般由住户/家庭、政府、企业分享，相应的收入形式分别为劳动者报酬、生产税净额以及营业盈余和折旧。

劳动报酬始终是国内总收入中最重要的部分。1947～2012 年，在美国国内总收入中，劳动者的劳动报酬平均占 57%，政府征收的生产税净额占 7.4%。

劳动报酬相对份额先升后降，经历了类似于倒 U 形的变化轨迹。如图 3－9 所示，在 1947 年和 2012 年之间，劳动报酬占比的变动经历了三个阶段。第一阶段（1947～1974 年）为上升时期，从 53.7% 升至 59.7%。第二阶段（1975～1979 年）为高位稳定期，处于 58.5%～59.6%。第三阶段（1980～2012 年）为下降时期，从 59.6% 降至 54.9%，与 20 世纪 50 年代大致持平。20 世纪 80 年代以来，美国逐步进入以 IT 产业为代表的新经济繁荣时代，但劳动者的相对获益不升反降。

政府的相对收入同劳动报酬走势基本一致。这主要是因为以劳动报酬为财政税收的主要来源[①]。

① 主要基于劳动报酬的个人所得税在财政收入中的占比，1934～1941 年不超过 20%，1942～1943 年不超过 30%，1944 年猛然超过 40%，直到 2012 年除极少数年份略低于 40% 外，均稳定在 40%～50% 区间。

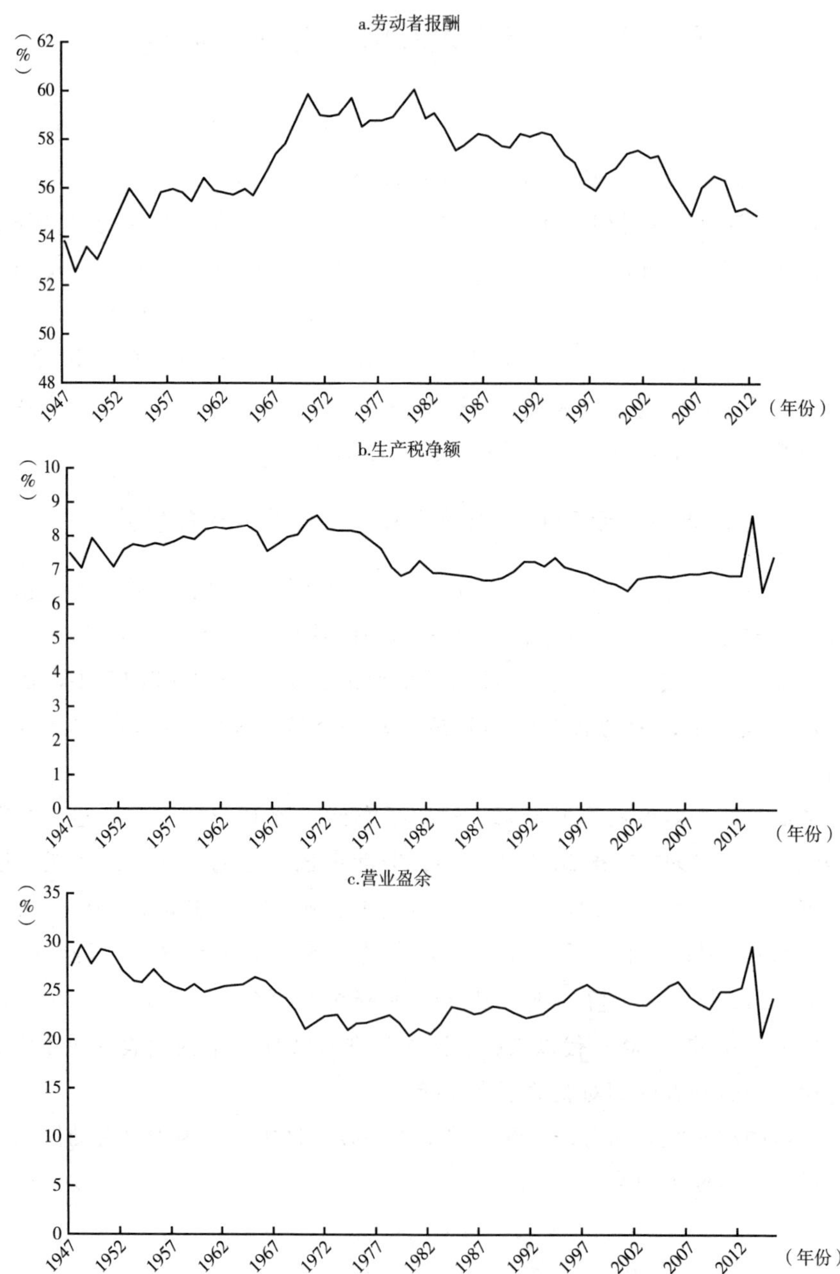
a.劳动者报酬
(%)
62
60
58
56
54
52
50
48
1947
1952
1957
1962
1967
1972
1977
1982
1987
1992
1997
2002
2007
2012
(年份)
b.生产税净额
(%)
10
9
8
7
6
5
4
3
2
1
0
1947
1952
1957
1962
1967
1972
1977
1982
1987
1992
1997
2002
2007
2012
(年份)
c.营业盈余
(%)
35
30
25
20
15
10
5
0
1947
1952
1957
1962
1967
1972
1977
1982
1987
1992
1997
2002
2007
2012
(年份)

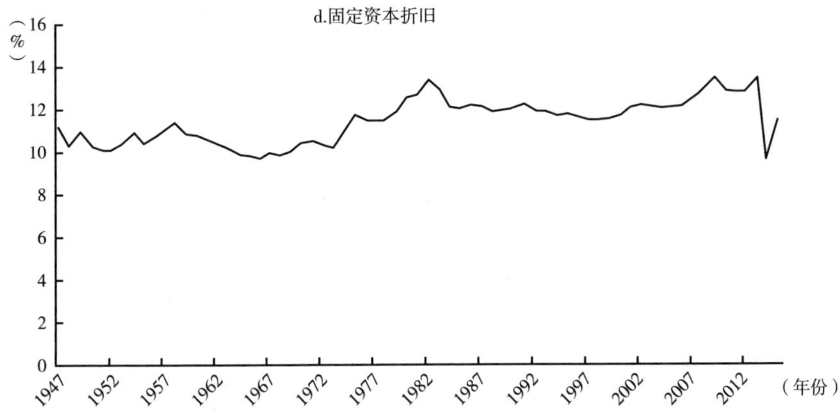

图 3－9　美国国内总收入的宏观分配

资料来源：美国经济分析局。

企业收入占比先降后升。从 1947 年至 80 年代初，企业营业盈余在国内总收入中的占比从最高的 29.6%（1948 年），降至最低的 20.5%（20 世纪 70 年代末），随后逐步反弹至 25.4%（2012 年）。1947～2012 年，在美国国内总收入中，平均企业营业盈余占 24.3%。

劳动报酬的相对下降，企业营业盈余的相对上升，显示了整个社会的收入分配呈现不利于劳动者、有利于资本所有者的态势。这种变革趋势同美国家庭或个人之间收入分配差距的变动趋势是一致的。

二　1820 年至今约 150 年的分配差距或扩大或高位波动，仅有 50 年趋于公平

美国革命之前，“自由”美国人之间的收入分配差距，同 20 世纪 70 年代后期美国人之间的收入分配差距没有什么不同。但是，在这两个时代之间，收入分配差距长期不稳定。在“镀金时代”（Gilded Age）、“咆哮的 20 年代”（1920 年代），经济结果的不平等不断升级，引发了进步时代（Progressive Era，1820～1920 年）和新政时期的制度变革。在“新镀金时代”（New Gilded Age），经济结果的不平等上升更加显著。

（一）1771～1820 年：收入分配差距缩小

在 19 世纪，美国收入分配差距的扩大主要发生在内战之前的 40 年。在这段时间里，在早期殖民地马萨诸塞州，建筑业技能熟练工人同非熟练工人

之间的报酬比，呈缩小趋势。其中，木匠同普通工人日均工资水平之比，1771～1780年为1.388，以十年为单位，随后四个十年依次为1.259、1.181、1.334和1.242，总体呈降势。需要说明的是，关于早期美国收入分配的记录较少。

（二）1821～1929年：收入分配差距先快速扩大然后在高位波动

在美国工业化初期（1821～1860年），城乡之间、地区之间（及地区内部）和部门之间的工资比率差距均呈扩大势头①。

如图3－10所示，在马萨诸塞州，木匠同普通工人日均工资水平之比，1821～1830年为1.244，随后三个十年依次为1.606、1.608和2.082，其中1850年代收入差距显著扩大，达到1771～1883年的顶峰。在北部城市，熟练员工和普通工人日均薪酬之比，1816年尚处于低水平，随后快速上升，到1856年形成内战前夕的高峰。该比率1816年为1.094，1819年超过1.2，1826年超过1.3，1834年超过1.4，1844年超过1.5，1847年即跨越1.6超过1.7，1856年超过1.8②。总体说来，在这40年里，技能的相对回报飞速上涨，工资差异骤然加大，使美国东北部从“杰斐逊理想”社会转型为发展中经济特色更突出的社会，收入分配差异持续扩大③。

1861～1864年的内战略微降低了地区内部的差距，却扩大了地区之间的差距，尤其是美国南北差距。主要原因在于，内战本身对南方贫穷的农业州有利，但其经济在战败后受到很大打击。

1865～1929年，收入分配差距在高水平上波动，被称为美国收入分配史上“崎岖的高原”④。其一，在早期重建年代（1866～1871年），地

---

① See Todaro, M. P., “A model of labor migration and urban euemployment in less developed countries”, *American Economic Review*, 1969, 59, 138－148; Kelly, A. C., Williamson, J. G. and Cheetham, R. J., *Dualistic economic development: Theory and Histroy*. Chicago University of Chicago Press, 1972.

② 事实上，1840年美国地区间收入加权变异系数（0.279）比1948年（0.214）还高，相当于法国1864年或1951年的情况，超过加拿大1935年或1960年。参见Williamson, J. G. and Lindert, P. H., *Amrican Inequality: A Macroeconomic History*. New York: Academic Press, 1980, p. 79。

③ Williamson, J. G. and Lindert, P. H., *Amrican Inequality: A Macroeconomic History*. New York: Academic Press, 1980, p. 75.

④ Williamson, J. G. and Lindert, P. H., *Amrican Inequality: A Macroeconomic History*. New York: Academic Press, 1980, p. 75.

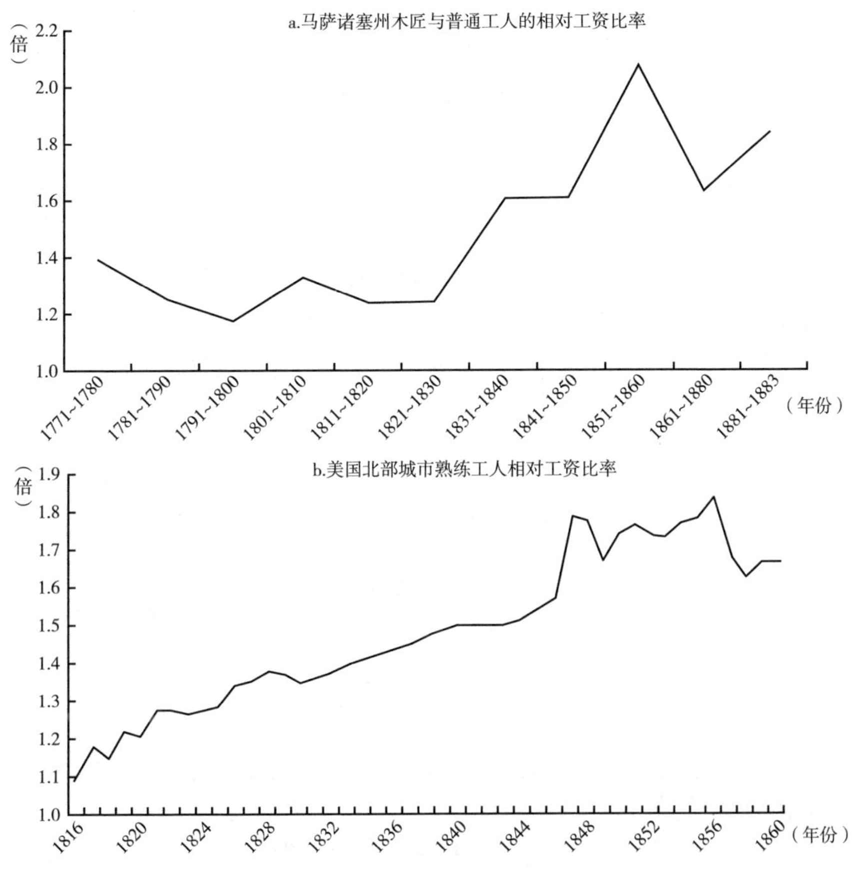

图 3－10　美国熟练工人日均相对工资比率

资料来源：Williamson, J. G. AND Lindert, P. H., *Amrican Inequality*: *A Macroeconomic History*. New York: Academic Press, 1980, 305－307。

区内部差距逐步恢复到内战前夕的水平。其二，在 1873～1910 年，以 1896 年为界，地区间差异先逐步扩大①，随后又缓慢缩小②。其三，一

① 1880 年，美国地区间收入加权变异系数为 0.355，比 1840 年的 0.279 高 27%。1896 年，地区之间的差距适度收敛。

② 1900 年和 1910 年地区间收入分配加权变异系数分别为 0.322 和 0.324，比 1880 年代下降 9%。其中，在 1900～1913 年，全美收入分配差距主要来自城市内部。当时，城市内部的收入分配差距比全国平均水平更高，而城乡差距在 1900 年后持续下降，农业部门内部也不存在趋势性的差距。

战显著促进了经济平等。全国收入分配差距在1913～1920年间急剧下降[①]：地区间收入加权变异系数1910～1919年从0.324大幅下降至0.276；最富1%人口的收入份额1916～1920年也在下降。其四，在“咆哮的20年代”(1921～1929年)，美国收入分配差距再次快速上升：非熟练工同熟练工之间的报酬差距迅速扩大，以致1929年的差距同1916年相当；最富1%人口的收入份额在20世纪20年代强劲反弹，但主要集中于最富7%的非农人口，而其他人口的收入占比没有明显变化；地区间收入加权变异系数1920年为0.331，1921年为0.373，1929年为0.369，超过1880～1910年[②]。

1916年和1929年是美国收入分配差距史上的高点。按最富1%个人在总收

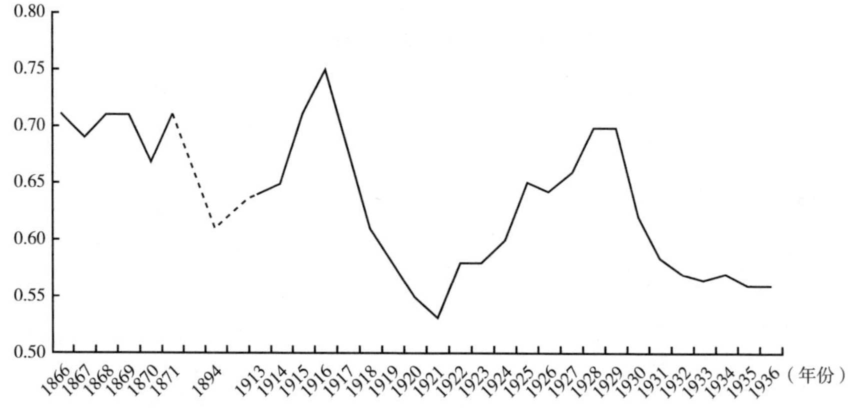

图3－11　美国收入 Inverse Pareto－Slope 系数

注：虚线为本文作者虚拟。

资料来源：Tucker, R. S.，“The distribution of income among income taxpayers in the United States, 1863－1935”, *Quarterly Journal of Economics*, 1938, 52, 547－587; Soltow, L.，“Evidence on income inequality in the United States, 1866－1965”, *Journal of Economics History*, 1969, 29, 279－839, Table 2；转引自 Williamson, J. G. and Lindert, P. H.，*Amrican Inequality: A Macroeconomic History*. New York: Academic Press, Appendix F, 1980。

---

① Soltow, L.，*Patterns of wealhholding in Wisconsin since* 1850. Madison, Wis.: University of Wisconsin Press, 1971, pp. 14, 135－139; Williamson, J. G.，“Demand and the distribution of income: America, 1913－1929”, Paper presented to the Sixth International Congress on Economic History, Copenhagen, Denmark, August 19－23, 1974. 一战使非熟练劳动力相当稀缺，非熟练非农业工人从而获得了比一战前更高的报酬。相比之下，熟练工和专业工的报酬增长要慢得多，部分原因在于其就业合同更长，对预期之外的通胀调整更慢。结果，非熟练工同熟练工之间的报酬差距在1916年和1920年间空前缩窄。

② 这是来自威斯康星州的收入分配数据，以及美国财产与利润数据（经济总体和各主要非农部门）。

入中的份额，1916 年最高，1928 ~ 1929 年为次高①。在内战之前，尚未出台过联邦收入税，但在上述两个时段，美国收入分配差距实在太高，以至于联邦政府对最富人口开征收入税，1916 和 1929 年被称为“收入税年代”②。

（三）1930 ~ 1970 年：“收入革命”与“中等阶级社会”

20 世纪 30 年代和 40 年代是美国收入分配最平等的时期。尤其是 1936 ~ 1946 年间（如图 3 - 12 所示），收入分配差距急剧缩小。大萧条时期，高薪雇员保有工作，名义工资率协定不变（对经济周期不那么敏感），遭受的损失比低薪雇员少得多。城市非熟练工人、农民、利润收获者，收入大缩水。在 20 世纪 30 年代，最富 5% 人口相对收入下降，但最富的 5% 雇员和最富地区的相对收入份额在大萧条谷底时反而达到峰值。在 20 世纪 40 年代，各收入组的收入明显缩水，最富个人的份额再次下降，但底端收入组的份额却上升最多。最富 20% 人口同最穷 20% 人口的收入比率，1929 年为 15.5 倍，1951 年缩小为 9 倍；由于低收入的南方工人向北方中心城市移民，南北收入差距（按人均收入计算）大幅下降。

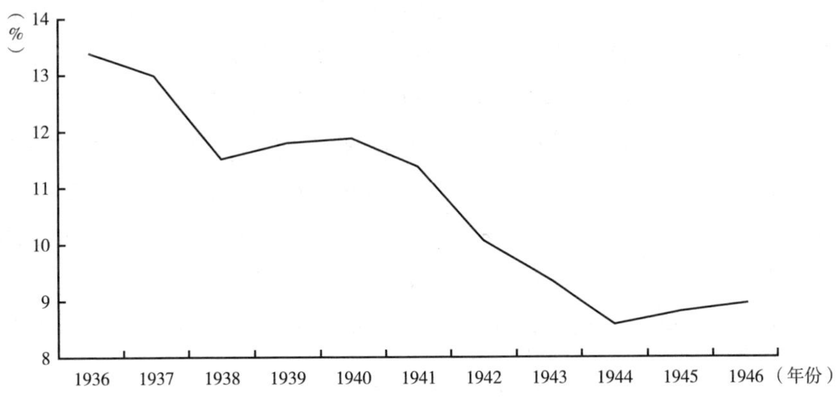

图 3 - 12　最富的 1% 人群在国民收入中的占比

资料来源：根据 Kuznets, *Shares of Upper Income Groups in Income and Savings*. New York: NationalBureau of Economic Research, 1953, p. 635 数据计算。

① 在高失业率时期（比如 1874 ~ 1879 年，1893 ~ 1897 年），低收入人口失业率超过高收入人群，其收入份额比低失业率时期有所恶化。这意味经济复苏时期的收入差距分配低于衰退时期（Kuznets 认为，1939 ~ 1944 年，美国失业率的急剧下降，可以解释收入平等化趋势的 1/3 左右）。

② Williamson, J. G. and Lindert, P. H., *Amrican Inequality: A Macroeconomic History*. New York: Academic Press, 1980, p. 79.

在1929~1951年，美国经济大起大落，先是历史上最大的衰退，继而借助二战再次崛起，随后是战后繁荣，继之以朝鲜战争。这样的大动荡时期，本来可能会导致收入不平等大幅波动。尤其值得关注的是，这段时期的收入平等化进程，是在政府税收调节之前发生的。税前收入分配差距下降如此之大，可以媲美于20世纪50年代和20世纪70年代美国旨在收入均等化的政府项目所取得的成就！因此，这段历史被称为美国经济史上的“收入革命”[①]。

1952~1970年的美国社会被称为“中产阶级社会”。自1940年代末以来，收入分配差距拉平力量减弱了：税前收入分配差距略有扩大，税后差距则略有缩小。总体来看，在这20年间，收入分配差距稳定在较低水平，这种稳定性放在整个美国历史大背景下来看，都显得十分突出；政府是分配公平化的力量，比如征税、转移支付、政府购买对促进收入分配公平化均具有积极意义。

（四）1971年至今：收入分配差距快速扩大

自20世纪70年代后期至今，美国进入“大分化”时代（Great Divergence），除危机年份（1990~1991、2001、2007年）外，收入分配差距持续拉大[②]。如图3-13所示，1967~2011年，美国家庭税前收入基尼系数上升了20.2%；1970~2010年，中间50%家庭的收入占比从50.3%降至42.2%，其中，1980年为47.3%，1990年为45.6%，2000年为44.2%[③]；1979~2007年，最富1%美国家庭税后实际收入增长278%，而中间60%家庭增幅不足40%，富裕程度处于81%~99%阶层的家庭增长65%，最穷20%家庭仅增长18%，次穷20%家庭增长28%，中层20%家庭增长35%。目前，美国是收入分配差距最大的发达国家[④]。面对收入分配高度不平等的现状，美国民众强烈不满，2011年甚至爆发了声势浩大的“占领华尔街运动”。

---

① Williamson, J. G. and Lindert, P. H., *Amrican Inequality: A Macroeconomic History*. New York: Academic Press, 1980, p. 86.

② 这个时期同1929年大衰退之前的时期有如下不同：顶级富人收入的主要来源，在1937年前为资本收入（利息、红利、租赁收入、资本盈余），在1970年代以后为劳动报酬。

③ “Economic Report of the President”, Washingtion: United States Government Printing Office, 2012, p. 178.

④ 事实上，在这一时期，绝大多数发达国家的收入分配差距都在扩大。在过去20~30年，美国也是收入分配差距扩大最快的发达国家。——Smeeding, T., “Public policy, economic inequality, and poverty: The United States in comparative perspective”, *Social Science Quarterly*, 2005, 86, 956-983.

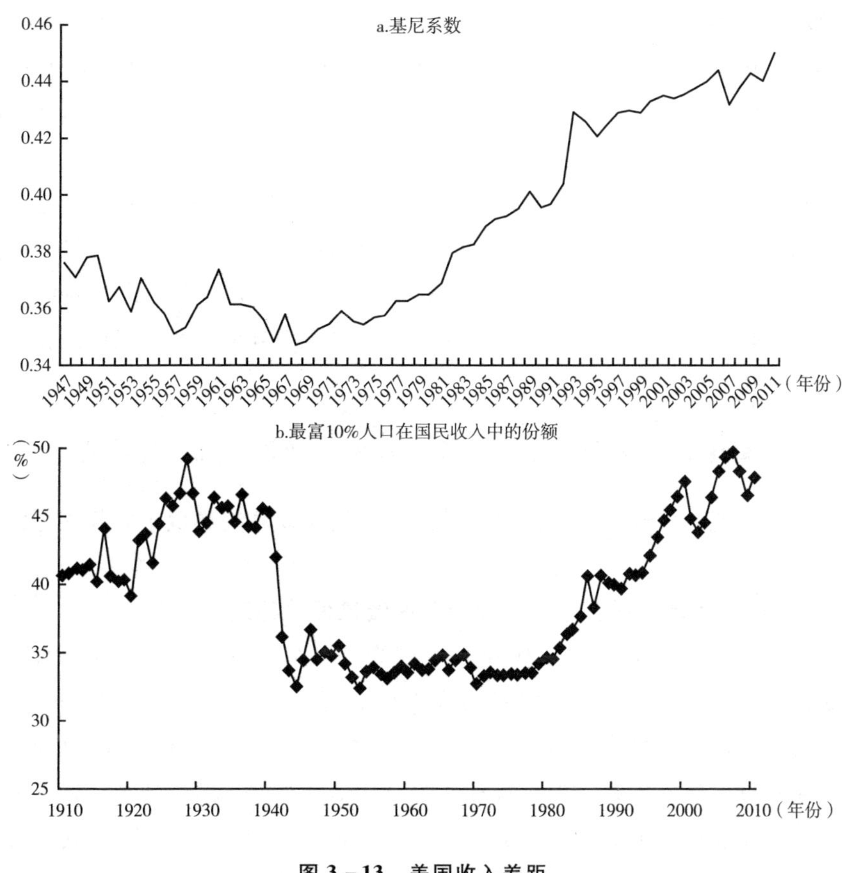

图 3－13　美国收入差距

资料来源：a 图为美国普查局；b 图为 Piketty, Thomas, *Capital in the Twenty－First Century*, Belknap, Harvard, Figure I. 1, 2013, p. 24。

最富 10% 人口在美国国民收入中的份额从 45% ~50% （1910 ~1920 年代）降至 35% 以下（1950 年代）（这是 Kuznets 所描述的下降阶段），随后升至 45% ~50% （2000 ~2010 年代）。

1821 ~1970 年共 150 年的美国收入分配演变史印证了库兹涅茨的倒 U 形假说①：在现代经济增长过程中，收入分配差距先升后降。其中，在前 109 年间（1821 ~1929 年），收入分配差距不断拉大，尽管其间部分年份恶化势头放缓（比如 1896 年）甚至逆转（比如一战期间）。随后 40 余年间

① Kuznets, Simon, "Economic Growth and Income Inequality", *American Economic Review* 45 (March): 1955, 1－28.

（1929 至 20 世纪 70 年代早期），收入分配差距在前 20 年持续下降，随后 20 余年保持基本稳定。之所以强调“现代”经济增长，因为在美国的殖民时期和南北战争时期，经济虽然也在增长，但收入分配差距并没有显示任何趋势性的成分。

但是，20 世纪 70 年代以来美国收入分配差距的趋势性变动，对之前的倒 U 形规律构成了一定程度的挑战。如何在理论上解释这个新趋势？它同之前的演变是否存在内在一致性？经济增长是否呈现“后现代”特征，以致收入分配差距展现出新的内在动力？政府在收入分配差距恶化中的作用究竟如何？这些均有待进一步研究。

三 美国财富分配差距在大部分年份不断扩大或高位波动

从殖民地时代开始，美国财富分配差距的波动高度类似于其收入分配差距①。

（一）殖民地时代：财富分配差距在低位保持稳定②

殖民地时期的美国被现代观察家称为“乌托邦中产阶级民主”社会，因为这里具有相当丰富的经济机会和平均分配准则。波士顿最富 10% 人口所占财富比例，1681 年为 42.3%，1771 年增至 47.5%。1690 ~ 1700 年，康涅狄克农村、麻省农村、波士顿和新罕布什尔的朴次茅斯、费城和切斯特县附近，均表现出类似趋势。不过，1695 ~ 1789 年，马里兰和纽约城的财富集中度保持稳定。有些地方的财富分配差距呈现出“周期性”特征。比如，波士顿和萨福克县 1680 ~ 1690 年代的财富集中度很低，但此前（1650 ~ 1680 年）和此后均呈上升势头。

（二）1760 ~ 1929 年：财富分配差距或不断扩大或在高位波动

1760 年至 1929 年共 170 年间，以一战为界，之前美国财富分配差距持续上升，之后则在高位波动。其一，在 1760 ~ 1889 年的 130 年间，美国财富持续集中。1774 ~ 1860 年，最富 1% 自由财富持有者所占财富比例，从

---

① 美国收入分配史显示，收入规模分配的演变，同工薪报酬的基本结构变动趋势几乎是一致的。当不同职业群组的薪酬差距上升时，收入分配总体差距也在上升。技能红利、工种薪酬等人力资本回报，同规模收入分配趋势高度相关。这意味着，当期人力与非人力财富分配的变化，不必然导致随后时期收入分配的变动。这对厘清财富分配同收入分配之间的因果关系提供了可能。比如，某些收入项的变动会影响资产价格，从而影响财富的分配。

② Williamson, J. G. and Lindert, P. H., *Amrican Inequality: A Macroeconomic History*. New York: Academic Press, 1980, pp. 14 – 16.

12.6%升至29%，最富10%持有者的占比从不足50%升至73%；自由成年男士之间的财富基尼系数从0.632升至0.832[①]。最富的0.031%家庭所占财富比例，1840年为6.9%，1850年代为7.2%～7.6%，1890年代为14.3%～19.1%[②]。其二，1890～1922年，财富分配差距在高位波动。最富的1.4%美国家庭财富占比从28.13%升至29.2%[③]。最富的1%美国家庭的财富占比1890年为25.76%[④]，最富1%的人群所占份额甚至高达45%，最富的10%人群拥有总财富的80%（1910年）[⑤]。其中，1912～1920年财富差距显著下降，呈现拉平势头，财富GINI系数从0.9186降至0.8878[⑥]。其三，20世纪20年代分配差距又有所反弹。1922～1929年，最富的1%家庭财富占比从31.6%升至36.3%[⑦]。

1860～1929年共70年，通常被称为美国“崎岖的财富分配差距高原”。其中，1860年，1914年和1929年是财富分配差距最高的年份，对应着三件历史大事：内战爆发和废奴运动、世界大战、举世无双的大衰退。废奴运动拉平了美国南方内部的财富差距，进而拉平了整个美国的财富分配差距。但是，没有充足的证据确认，这三个年份中哪一个是美国财富分配差距最高的年份。在这段时期内，美国的财富分配并没有长期拉平。

（三）1930～1970年：财富分配差距持续下降或在低位保持稳定

最富的1%成年个人财富占比，从1929年的36.3%降至1953年的24.3%。最富的1%人口财富占比，从1953年的27.5%降至1972年的

① Williamson, J. G. and Lindert, P. H., *Amrican Inequality: A Macroeconomic History*. New York: Academic Press, 1980, pp. 36 – 37.

② Gallman, R. E., "Gross national product in the United States, 1834 – 1909", in *Output, employment and productivity in the United States after 1800*. New York: National Bureau of Economic Research. 1969.

③ Holmes, G. k., "The concentration of wealth", *Political Science Quarterly*, 1893, 8, 589 – 600; Lampman, R. J., "Changes in the share of wealth held by top wealth – holders, 1922 – 1956", *Review of Economic and Statistics*, 1959, 41, 379 – 392. 引自 Williamson, J. G. and Lindert, P. H., *Amrican Inequality: A Macroeconomic History*. New York: Academic Press, 1980, p. 48.

④ Holmes, G. k., "The concentration of wealth", *Political Science Quarterly*, 1893, 8, 589 – 600.

⑤ Piketty, T., *Capital in the Twenty – First Century*, Harvard University Press, 2013, p. 348.

⑥ Williamson, J. G. and Lindert, P. H., *Amrican Inequality: A Macroeconomic History*. New York: Academic Press, 1980, p. 50.

⑦ Lampman, R. J., "The share of top wealth – holders in national wealth, 1922 – 1956. Princneton, N. J.: Princetion University Press. 1962. 引自 Williamson, J. G. and Lindert, P. H., *Amrican Inequality: A Macroeconomic History*. New York: Academic Press, 1980, p. 49。至于1929年的财富差距程度是否比1912年或1912年前后更高或更低，目前的证据难以回答。

26.6%。最富的0.5%人口财富占比，从1929年的32.4%降至1953年的22.7%①，以及1972年的20.9%。不过，没有充足的证据显示，在1953~1972年内，美国财富的整体分配差距具有趋势性的表现。

（四）1971年至今：财富差距持续快速拉大

美国财富分配差距在20世纪80年代快速上升，20世纪90年代在高位上波动，2005年左右开始再次拉大。其一，1983~2007年，最富20%家庭净财富增长1.07倍，最穷40%家庭净财富萎缩63%②，致使家庭净财富的基尼系数，从1983年的0.799快速升至1989年的0.832，1992~2004年在0.823~0.829波动，2007年升至0.834③。其二，最富20%人口在总财富中的占比，1983年为81.3%，2007年为85%（其中最富1%人口占34.6%，富裕程度略逊的19%占50.5%）。2010年，最富的10%人群所占财富份额超过70%，其中最富1%人群的相应数字接近35%④。

金融财富分配差距超过总财富差距。2007年，最富20%美国人占有金融总财富的93%（最富1%人口占42.7%，富裕程度略逊的19%人口占50.3%），其余80%人口仅占7%。2007~2009年金融危机扩大了上述差距。

在美国财富分配差距最近30多年来快速拉大的过程中，“超级富豪成了美国经济非凡转型中的最大赢家”⑤。

“在美国，20世纪并不是一个朝着社会正义大踏步前进的世纪。事实上，今天财富的不平等程度已超过19世纪初。”⑥

---

① Williamson, J. G. and Lindert, P. H., *Amrican Inequality: A Macroeconomic History*. New York: Academic Press, 1980, p. 54.

② Wolff, Edward, “Recent Trends in Household Wealth in the United States: Rising Debt and the Middle - Class Squeeze—an Update to 2007”, Levy Economics Institute of Bard College, Working Paper No. 589. 2010.

③ Wolff, Edward, “Recent Trends in Household Wealth in the United States: Rising Debt and the Middle - Class Squeeze—an Update to 2007”, Levy Economics Institute of Bard College, Working Paper No. 589. 2010.

④ Piketty, T., *Capital in the Twenty - First Century*, Harvard University Press, 2013, p. 349.

⑤ Levy, Frank and Temin, Peter, “Inequality and Institutions in 20th Century America”, NBER Working paper 13106. 2007.

⑥ Piketty, T., *Capital in the Twenty - First Century*, Harvard University Press, 2013, p. 350.

第四节　美国金融结构的演变

一　二战后美国金融发展三阶段：金融相关率逐步提高

美国的经济发展水平与金融发展关系密切，甚至后者的发育成长与成熟期较之前者更为明显。如图 3－14 所示，1950～1970 年美国的人均 GDP 和人均金融资产的增长相对平稳，处于打基础的起步阶段。而在1971～1990 年美国的人均金融资产开始高度膨胀，与此相适应的是美国的人均 GDP 增长速度也出现提升。1991 年至今，美国的人均金融资产波动加大，经历了 2001 年（仅为上一年度的43%）和2008 年（为2007 年度的87%）两次大收缩。人均 GDP 尽管保持着相对稳定，但金融资产的大幅度变化也引致人均 GDP 出现增长放缓的趋势。

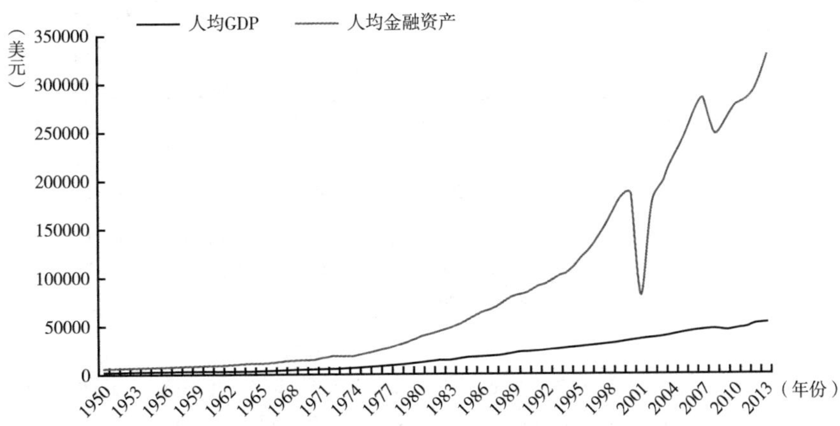

图 3－14　美国人均 GDP 和人均金融资产

资料来源：Wind 资讯。

与以上三个阶段相对应，美国的金融结构变动经历了：1950～1970 年的金融适度稳定发展期，1971～1990 年的金融自由化阶段，1991 年至今的金融波动放大期。

（一）1950～1970 年：金融适度稳定发展期

二战后，美国进入新一轮繁荣时期，金融产业处于适度稳定发展时期。

如图 3－15 所示，在 1946～1973 年美国经济增长与金融发展同步增长，金融相关率（Financial Interrelations Ratio，FIR）[①] 指标基本稳定在 3.1 附近。美国经济所呈现的稳定增长和低通胀局面，与当时的国际货币制度安排布雷顿森林体系、审慎的国内经济政策以及较为严格的金融监管环境有密切关系。这一时期联邦政府实现了预算平衡，国内经济发展环境也相对稳定。政府采取安全优先的金融业监管方式，于 1933 年通过的格拉斯－斯蒂格尔法案（Glass－Steagall Act），巩固和完善了分业经营的金融制度，对金融行业的有序稳定发展起到了辅助作用。

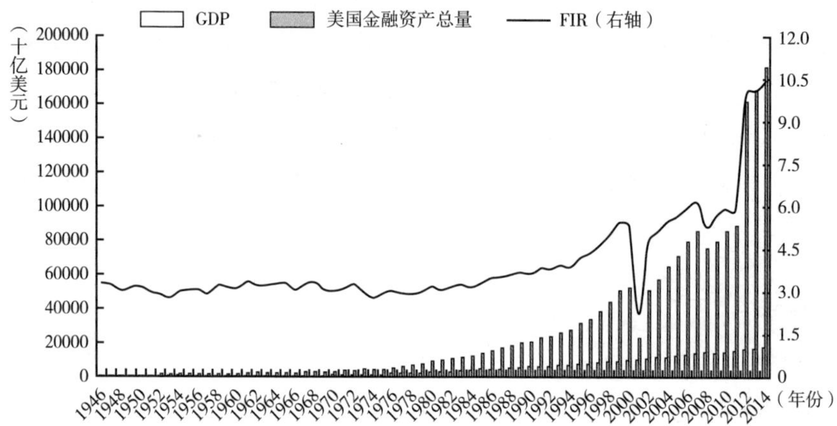

图 3－15　美国经济金融相关率变化

注：GDP、美国金融资产总量等参考左轴，FIR 参考右轴；美国金融资产总量为联邦政府、家庭和非营利组织、非金融企业以及国外部门持有的金融总资产总和。

资料来源：CEIC，美国联邦流量表，http：//www.federalreserve.gov/。

稳定的经济增长为金融业的发展创造了良好的外部环境，同时金融业的适度发展也为经济繁荣做出了巨大的贡献。如图 3－16 所示，1948～1973 年金融保险业对实际 GDP 的贡献率年平均值为 14.8%，但在个别年份如 1969 年甚至达到过 38% 的历史峰值。运转良好的金融系统不仅为投资者提供了投资收益，同时也成为促进投融资者之间资金融通的媒介。相对充裕的流动性水平推动着投资、消费需求，对经济繁荣起到了支撑作用。

① 金融相关率用于说明经济的货币化程度，为一国全部金融资产价值与经济活动总量之比。

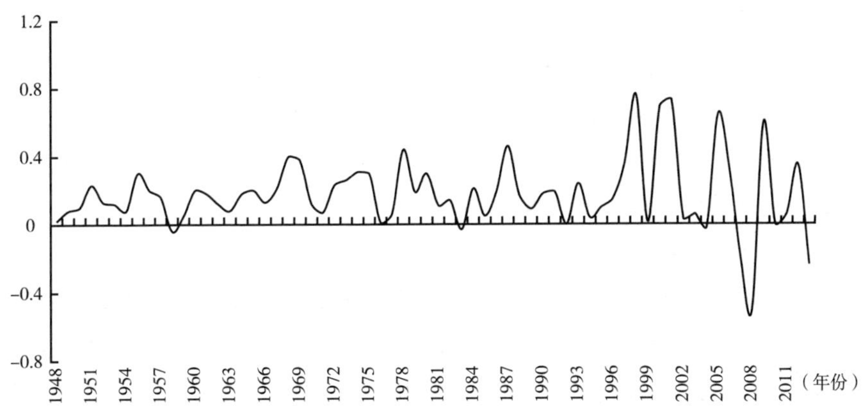

图 3-16　美国金融保险业对实际 GDP 增长的拉动率

资料来源：Wind 资讯。

（二）1970～1990 年：金融自由化阶段

随着 1973 年布雷顿森林体系的崩溃，国际金融环境发生了较大改变，也直接影响了美国国内的金融发展。1970～1990 年为美国金融自由化阶段，金融创造力得到极大释放，同时美国的经济波动也在加剧。90 年代美国科技创新带来了经济持续增长，金融业状况也不断好转，监管层又重新将目光聚焦在金融服务业的自由化上。美国金融业面临着来自英国及欧洲国家全能银行的竞争压力，长期的严格监管导致美国银行业的国际竞争力相对下降。1999 年 11 月美国参众两院通过《金融服务现代化法案》，正式将混业经营合法化。美国政府开始逐步放松对于金融市场的监管力度，给金融市场与金融机构的发展释放了更大的空间。

美国 20 世纪 70～90 年代动荡的经济环境成为各类金融业务和金融工具创新的催化剂。80 年代金融体系最大的转变是资产证券化加剧，原本不可流通的资产如住房抵押贷款、应收账款等转换为有价证券在金融市场上交易。此后，资产证券化逐渐成为一种可以被广泛采用的金融创新工具而得到了迅猛发展。美国金融资产总额迅速增加，其增速远高于实体经济的增速。美国金融相关率不断升高，经济向着金融化方向发展。相比前一个阶段，金融在国民经济中的地位逐步上升，美国的金融相关率从 20 世纪 70 年代后半叶开始迅速上升，由原来的 3 左右提高到 5.4。

1999 年美国金融业增加值占 GDP 的 58%，已经超过实体经济总量。美国金融行业的快速扩张，促使美国金融保险业对于实际经济增长的贡献进一步加大。1974～1999 年，金融保险业对实际 GDP 贡献率的年平均值为 18.9%，而前一阶段的平均贡献率仅接近 15%。在这一阶段美国金融保险行业对实体经济的贡献呈现明显的周期性。在 1974～1999 年约每 10 年出现一次峰值：1978 年的 44%、1987 年的 46% 和 1998 年的 46%；7～9 年出现一次波谷：1976 年的 1%、1983 年的 –3%、1992 年的 0% 和 1999 年的 1%。美国经济金融化的同时，经济的稳定性有所降低。

（三）20 世纪 90 年代末至今：金融膨胀造成宏观经济波动风险的阶段

这一阶段美国金融结构表现出金融资产杠杆化程度高、金融市场动荡频繁且影响力较大的特点。20 世纪 60 年代以来美国金融机构业务不断创新以及金融衍生工具得到广泛使用，而且政府在 20 世纪 90 年代末以来放松了对金融业的监管力度，各类创新使美国金融总资产不断提高，金融资产高杠杆化。进入 21 世纪后，美国的金融化程度一直处于高位，并且在 2007 年达到历史最高点，金融资产总额已经为当年美国 GDP 的 10.7 倍。

2001 年随着互联网泡沫的破灭，美国的金融相关率迅速紧缩，退回到之前的 3 左右。但随着 21 世纪以来虚拟经济的发展再度刺激了美国经济的繁荣，金融相关率再度步入了上升轨道。然而，资产过度证券化带来的次贷危机，导致了 20 世纪 30 年代以来美国最严重的经济危机，甚至引发了全球性的经济衰退。金融资产总额也出现较大幅度的缩水，金融相关率比值在 2008 年接近 5.3。进入 21 世纪，金融保险业对经济增长的贡献下行，对经

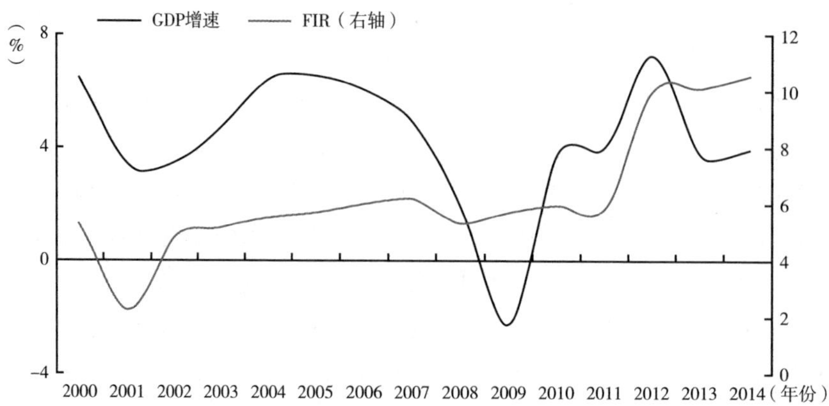

图 3－17　美国经济增速与金融相关率变化

资料来源：Wind 资讯。

济波动影响加大。过度金融化的一个典型表现在于金融行业对于实际经济增长的贡献率逐步降低。美国金融保险业对于实际 GDP 增长的贡献率从 2001 年 86% 的高位，逐步下行至 2011 年的 -5%。在 2001 ~ 2011 年这 12 年间，金融行业对于经济增长的平均贡献率仅为 23%。金融周期与经济周期之间的连带作用逐渐增强。一方面，金融的顺周期性加剧了经济波动的幅度。金融业爆发的任何问题迅速扩散至经济的其他领域，如 2000 年的互联网泡沫和 2008 年的次贷危机，都对经济增长形成了重度打击。另一方面金融的内在不稳定性和投机偏好缩短了经济危机爆发的周期。20 世纪 60 年代以来，美国的平均经济周期为 12 年左右，进入 21 世纪以后的第一个经济周期缩短为 8 年。

二　美国金融结构变化：从银行主导转向市场主导

（一）金融机构的结构变化

美国的主要金融机构大致可以分成三大类，存款类机构、投资性金融机构、保险和养老金机构，三类资产结构变化参见图 3 - 18。无论是投资性金融机构、保险和养老金机构还是存款类机构，其资产总额均随着时间变化而不断增加。特别是在 20 世纪 60 年代以后，各类金融机构开始进入快速扩张期。三大金融机构总体规模从 1945 年的 2016 亿美元扩张为 1973 年的约 1.6 万亿美元，增长了将近 7 倍。

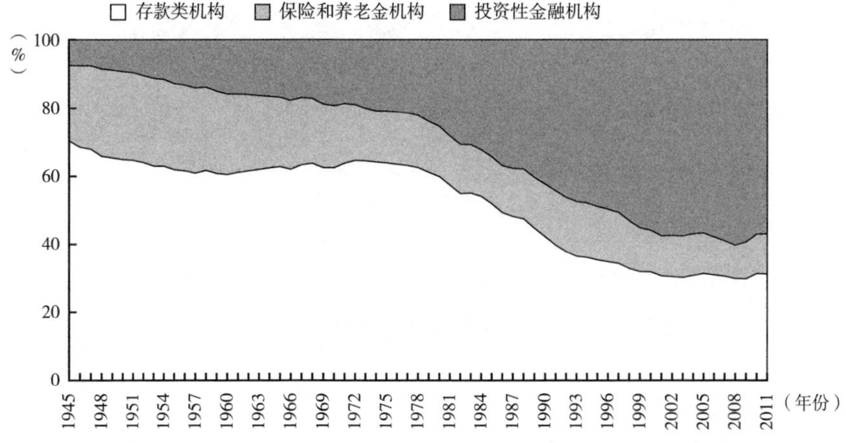

图 3 - 18　美国三类金融机构的资产结构

资料来源：美联储，www. federalreserve. gov/releases/z1/。

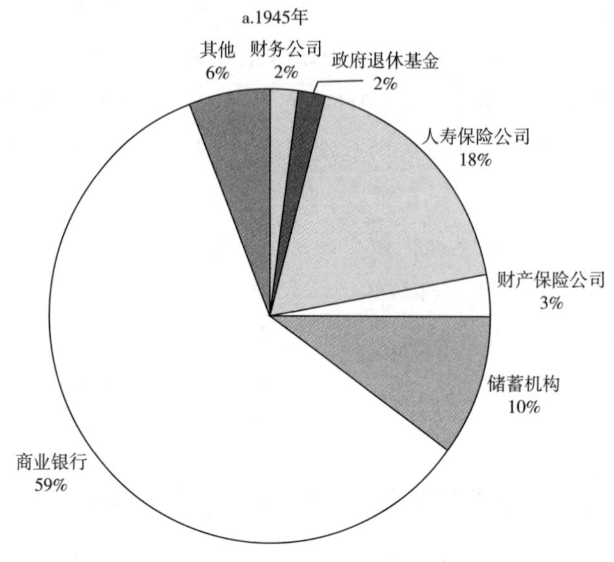

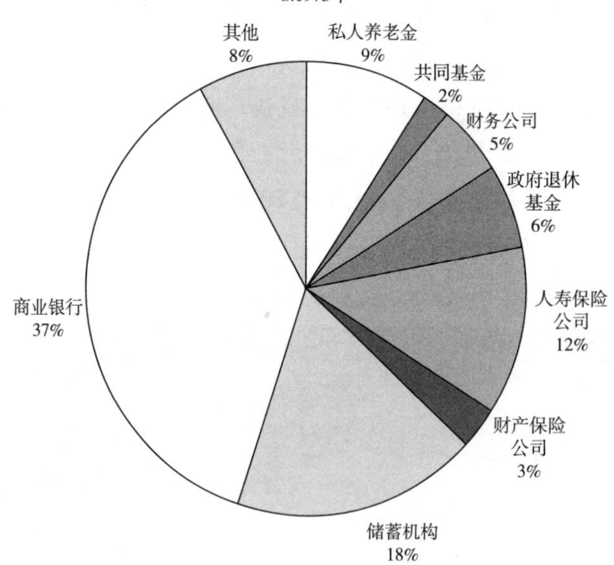

图 3－19　1945 年和 1973 年美国金融机构资产份额

资料来源：美联储，www. federalreserve. gov/releases/z1/。

虽然三类金融机构的资产总额都在逐年上升，但各个部分的市场份额一直在变化。传统商业性金融机构比例不断下降，商业银行与人寿保险公司占总金融资产比重从 1945 年的 77%（见图 3－19a）下降为 1973 年的

49%（见图 3－19b）。传统保守的金融机构如储蓄机构、政府退休基金、财务公司等，则相对更受青睐，其市场份额扩大了一倍有余，占总金融资产的比重从 1945 年的 14% 扩张为 1973 年的 29%。

20 世纪 70 年代以来，美国银行业面临更为激烈的竞争。1970～1990 年，政府对存款类机构的业务限制较为严格，而 80 年代上半叶以前相对较高的利率水平则进一步限制了存款类机构的发展。存款类金融机构的市场份额从 1974 年的 64.1% 下降为 1999 年的 31.9%，损失一半有余。保险和养老机构的市场份额较为稳定，从 15% 小幅下降为 12.9%。对其他类型的特别是新兴的金融机构的管制相对较少，这种差异导致投资型金融机构的市场份额从 1974 年的 20.9% 上升为 1999 年的 55.2%，并从 1990 年开始超越存款类机构，成为市场规模最大的金融机构。

自 2000 年以来，投资性金融机构的资产总额已经超过传统的存款类金融机构并一直处于绝对优势。而第二、第三类金融机构的比例则不相上下。2007 年次贷危机爆发到 2010 年第三季度末，三类机构中只有存款类机构的资产比重快速上升并再次超过保险和养老金机构，而保险和养老金机构资产的市场份额则在 2007 年后萎缩。

（二）金融工具结构变化

在 20 世纪 50 年代至 70 年代初，美国的金融工具总规模增长了 6 倍有余。其中股票总市值增长了 7 倍，成为金融市场中规模最大的金融工具。所有金融工具中，规模增幅最大的为消费信贷，比起初增加了 27 倍多。经济的长期稳定增长，使美国居民对未来收入能力拥有更高的信心，借贷消费思想开始蔓延。针对这一需求，各类金融机构积极推出的各项消费信贷业务，极大地满足了市场需求。

二战后至 1973 年的初期，美国采取相对保守和审慎的金融管理理念，逐步形成了分业经营、分业监管的金融制度。20 世纪 60 年代末的输入型高通胀，使美国金融业遭遇了第一次“脱媒”冲击：由于 Q 条例严格限制了储蓄存款利率，储蓄利率远低于市场利率，迫使储户为保值而将存款抽出转投资本市场。美国银行业经营理念亦开始由资产管理向负债管理转变，并创造了货币市场基金、大额可转让存单等创新型存款性金融工具。

20 世纪 70 年代至 80 年代上半叶，联邦基准利率为 8%～10%。相对较高的利率水平降低了传统金融机构服务经济的效率和能力。金融体系出现了多种创新业务为企业投融资提供多样化的融资渠道：如大型企业转而使用商业票据、发行股票等方式取代传统的贷款工具进行融资；信用等级较低的中小企业则通过垃圾债券市场进行筹资。当时，约有2000亿美元的垃圾债券市场为1500家企业服务，并占有了企业债券总额的25%。其他如抵押贷款等资产证券化也为市场补充了流动性。美国企业已经在20世纪80年代中叶完成了从传统的间接融资方式转向直接融资的过程，1986年开始公司股票的市值就已经超过定期与储蓄存款规模，处于所有金融工具的首位。

表3-1　美国金融工具规模

单位：十亿美元

年份	1945	1950	1955	1960	1965	1970	1973
支票存款和货币	133.7	124.9	145.7	156.3	189.1	244.8	304.7
定期与储蓄存款	53.5	71.9	113.3	176.9	319.4	468.1	716.8
国库券	251.2	216.1	228.4	234.0	257.0	289.9	336.7
市政债券和贷款	12.1	20.7	45.7	71.0	100.4	145.5	192.7
企业与国外债券	26.9	40.9	60.8	91.8	123.1	204.3	264.9
公司股票	117.7	142.7	281.8	420.3	734.9	831.2	938.3
未分类银行贷款	25.4	52.8	83.8	120.7	204.9	311.6	478.6
抵押贷款	35.7	72.8	129.8	208.4	334.5	469.2	666.5
消费信贷	6.8	23.9	42.9	61.2	97.5	133.7	193.0
商业信贷	21.5	45.1	64.9	92.8	132.4	204.5	309.0
人寿保险和养老金基金储备	39.6	55.0	69.3	85.2	105.9	130.7	151.3
其他	17.3	32.5	50.4	81.5	147.8	275.4	378.3
总　计	741.4	899.3	1316.8	1800.1	2746.9	3708.9	4930.8

资料来源：http：//www.globalfinancialdata.com/，Global Financial Data，Los Angeles，CA，“GFD Guide to Total Returns”。

如表3-2所示，1974～1999年所有金融工具中增长最快的是货币市场共同基金，其规模由20亿美元增长到15796亿美元，增长了约789倍，规模排名由18位跃升至第10位。其次为共同基金，25年间增长了近129倍，规模排名从第15位上升为第3位。1999年美国的证券类金融工具占据主要地位，其规模占总金融工具规模的39%。其次为银行信贷类工具，约为所有金融工具的35%。包括国债、市政债券以及企业债在内的债券规模为15.5%。共同基金以及人寿、养老类基金规模约11%。

表 3-2 美国主要金融工具规模变化

单位：十亿美元

金融工具	排名		规模			1974~1999 年增长倍数
	1974 年	1999 年	1974 年	1985 年	1999 年	
	—	—	4910	16580	62621	11.8
支票存款与货币	6	15	312	714	1332	3.3
定期与储蓄存款	1	6	796	2341	3760	3.7
货币市场共同基金	18	10	2	205	1580	789.0
联邦基金与证券回购协议	17	16	25	251	938	36.52
公开市场票据	14	13	68	359	1402	19.6
国库券	5	7	349	1587	3653	9.5
机构与 GSE 支持抵押证券	13	5	106	629	3916	35.9
市政债券与贷款	9	12	208	860	1457	6.0
企业与国外债券	7	4	294	886	4461	14.2
公司股票	3	1	633	2270	19443	29.7
共同基金	15	3	35	246	4539	128.7
未分类银行贷款	4	8	537	1445	3516	5.6
其他贷款	11	14	173	663	1365	6.9
抵押贷款	2	2	728	2368	6196	7.5
消费信贷	10	11	202	611	1554	6.7
商业信贷	8	9	258	752	2050	7.0
证券信贷	16	18	26	131	677	25.0
人寿保险和养老基金储备	12	17	158	264	784	4.0

资料来源：Global Financial Data, Los Angeles, CA, "GFD Guide to Total Returns", http://www.globalfinancialdata.com/。

三 美国金融监管：从无到有，从紧到松

美国金融监管的历史实际可以追溯到 1791 年。但直到 1914 年美国中央银行——联邦储备体系的设立，才真正进入现代意义上的金融监管体系。20 世纪 30 年代以前，由于法律法规的相对缺失，以及出于对稚嫩产业的早期保护，美国的金融业发展较少受到管制，金融管理主要依靠行业内部的自律来实现。之后，美国金融监管经历了"严-宽-紧"的推进过程。

（一）金融监管政策演变

1. 分业经营下安全优先的金融严格监管时期（20 世纪 30 年代至 70 年代初）

1929 年 10 月美国遭遇经济危机，进入大萧条时期，美国银行业信用体

系遭到毁灭性打击。大萧条造成的另一个重大影响是金融市场凋敝。几乎所有商业银行都受到挤兑风潮的打击，银行系统的货币和存款减少了1/3，流通货币对整个银行存款的比例从1929年的9%上升到1933年的19%。1929~1933年，美国商业银行以每年2000家左右的速度倒闭，约9096家关门。储贷机构由于挤兑危机，数量减少了近40%，资产累计损失达30%。1933年美国国会通过后来被称为“对银行业最严谨的监管”的《1933年银行法案》。同时，一批新的金融监管机构也被陆续设立起来，如联邦存款保险公司（FDIC）、证券交易委员会（SEC）及证券业自律组织——全国证券商协会（NASD）等。这些法律法规以及执行机构的确立，成为美国金融监管史上的重大转折点。

2. 混业经营下效率优先的宽松管制时期（20世纪70年代初至90年代末）

危机时代所确立的金融管制体系虽然实现了金融稳定的目标。但是，严苛的监管指标和要求难以迅速适应不断变化的外部经济环境需要，制约了经营的积极性，并使金融从业者通过创造新型金融产品努力规避规则的管制。此外，金融监管机构也在经济面临滞胀问题时，打开了放松管制的大门，采取了如取消利率管制、放松业务限制、推动金融机构之间的并购、扩大联邦金融机构管理权限等等改革措施。1999年通过的《金融服务现代化法案》标志着美国金融监管制度的重大变革，它允许银行、证券公司和保险公司以金融控股公司的方式相互渗透，实现混业经营，彻底结束了银行、证券、保险分业经营的局面。美国金融从过去的严格监管开始逐步放松，提出了功能监管的新思路，但进一步加强了对外国银行的监管。

3. 逐步完善的审慎监管时期（20世纪90年代末至今）

金融监管的放松带来了金融业的蓬勃发展，但同时也加剧了金融风险的冲击。90年代英国巴林银行的破产给美国金融当局敲响了警钟，使其开始重新审视金融监管政策。投资型金融公司在过去20多年迅猛发展，并在2000年以后占据绝对优势，然而，对于从属于此类的金融控股公司的监管相对模糊，多头管理很多时候也意味着责权不清，疏于监管。因此美国金融监管机构对金融控股公司的监管重新做了分工，形成“伞形监管模式”，取代了过去银行、证券、保险分业经营、分业监管的局面。“伞形监管模式”是一种多元化综合监管模式，即将综合监管与分业监管相结合，避免权限和责任过度集中于一个监管机构。在组织和结构上，保障现有金融监管部门对金融控股公司各部门的监管责任。

次贷危机之后，美国国会于2010年7月15日通过了《多德－弗兰克华尔街改革和消费者金融保护法案》。该法案突出"全面覆盖"的监管理念，涉及金融机构、金融市场、金融产品以及投资者等各个领域。

（二）美国金融监管机构

1. 联邦、州双规监管

美国是联邦制国家，无论在金融监管立法还是在金融监管实施层面，联邦和州都享有权力。所以美国存在联邦和州两个层次的金融监管规则和监管体系，即美国的金融监管是"双轨分业多头制"。联邦和各州都有权对金融机构的注册进行审批并实施监管，如由联邦政府注册颁发营业执照的商业银行为国家银行，主要受货币监理署监管；由州政府注册颁发营业执照的商业银行是州立银行，主要受各州银行和保险委员会监管。

2. 银行、证券、保险分业监管

美国实行银行业、证券业、保险业分业监管。无论在联邦还是州金融监管都由多个部门承担，各监管部门均执行机构监管与功能监管相混合的监管方略，监管部门之间权限划分并非泾渭分明，往往有所交叉，但也有各自的监管重点。

3. 分类别多头监管

在联邦层次，金融监管机构主要包括：①联邦储备委员会；②货币监理署；③联邦储蓄保险公司；④储蓄机构监管署；⑤证券交易委员会；⑥商品期货交易委员会；⑦全国信用社管理局；⑧联邦住房监理署；⑨外国交易委员会。九大机构各司其职，其分管领域详见表3－3。它们分别对特定领域进行监管，加强了监管的专业程度，不少监管机构的人员有在特定行业的从业经验。

（三）金融治理规则的危机推动

任何一种规则制度都是在遇到现实问题时才会真正得到重视和重新设计，因此危机过后往往是制度建设的黄金时期。金融属于服务业范畴，宽松的金融监管环境可能引发金融泡沫积累，并产生金融危机。由于金融产品在一定程度上具备公共产品属性，金融危机往往与经济危机相连，因此危机往往是制度建设的重要推手，如美国在1933年和2010年确立的一系列金融法律法规就是典型的例子。

表 3－3　主要金融监管机构与主要职责

名称	监管领域
联邦储备委员会	监管所有联邦储备系统会员银行，包括金融持股公司
货币监理署（OCC）	监管在联邦注册的商业银行
联邦储蓄保险公司（FDIC）	监管投保的商业银行、互助储蓄银行、储蓄贷款协会
储蓄机构监管署（OTS）	监管在联邦注册的储蓄金融机构
证券交易委员会（SEC）	监管有组织的交易所和金融市场
商品期货交易委员会（CFTC）	监管期货交易
全国信用社管理局（NCUA）	监管在联邦注册的信用社
联邦住房监理署（OFHEO）	监管房地产金融机构
外国交易委员会	监管主权财富基金

这场金融危机虽然推动美国加强金融监管建设，并推出了多德－弗兰克法案。但是美国金融业依然存在一系列问题：①金融行业存在显著的道德风险问题难以根治。2000～2008 年美国前 14 大金融机构部分 CEO 和少数人员获得了 20 多亿美元的收入，危机爆发后引致 800 多万人口失业，社会总债务的增幅约为 7.3 亿美元（约为 2007 年总债务的 78%），净债务增幅为 6.3 亿美元（约为 2007 年的 94%）。②大型金融企业存在规模优势和政府背书。1995 年美国六大银行（摩根士丹利、高盛、摩根大通、美国银行、花旗银行、富国银行）的总资产占美国 GDP 的 17%，2006 年为 55%，2011 年则上升为 62.5%。相对中小金融机构，这些银行往往可以更加廉价地筹集资金。③对于那些具有全局重要性的非银行金融公司以及跨国性大型金融机构依然监管不足，从业者依然有漏洞可钻。例如花旗银行资产总额约 1.8 万亿美元，在 17 个国家设有 550 个清算和结算系统，对其进行破产清算谈何容易。

第五节　小结

从生产结构来看，尽管美国的制造业产出和就业比重均有所下降，但美国制造业的劳动生产率却上升很快，美国的制造业仍然保持了核心竞争力。美国服务业的兴起主要是指现代服务业（生产性服务业）的兴起，其产出、就业比重增加较快，劳动产出率也处于相对高位，是美国科技、人才优势的集中体现。

从需求结构来看，美国服务消费占据总消费的主体，非耐用品的消费支出略高于耐用品消费支出；私人投资规模略大于政府投资，私人投资与总投资的变动趋势更为一致；出口增长较为平稳，货物出口占据主体地位。从美国经济发展的阶段看，在 1920～1950 年的危机和战争间断期，美国消费和投资波动较大，消费占比下降而投资占比上升，出口占比有所下降；在 1950～1970 年的工业化平稳时期，消费和投资以及出口占比相对较为稳定；1970 年之后的调整时期和信息化时期，消费占比快速上升，投资占比逐渐下降，出口占比稳定。

从美国收入与财富分配结构来看，1820 年美国工业化步伐开始，收入与财富分配差距快速上升，19 世纪末达到高位，1896～1929 年则在高位波动。1929～1970 年，分配差距先持续下降，随后在低位保持稳定。这 40 年是美国历史上最公平的时期。20 世纪 70 年代开始，随着去工业化或信息化趋势日渐深入，收入与财富分配再次趋于不公平，严重程度堪比美国历史最高水平。总体看来，在快速工业化和信息化时期，美国分配差距快速拉大；在工业化趋于稳定后，分配差距则在高位波动；今后数十年里的信息化过程可能延续这种不平等局面。

从金融结构来看，美国金融总体发展分为三个大时期：金融适度稳定发展阶段（20 世纪 50 年代至 70 年代初），金融自由化阶段（20 世纪 70 年代初至 90 年代末），金融泡沫过度膨胀造成宏观风险的阶段（20 世纪 90 年代末至今）。总体而言，美国通过宽松的监管环境，极大地刺激了金融市场的发展，传统商业性金融机构比例不断下降。投资型金融机构的市场份额从 1974 年的 21% 上升为 1999 年的 55%，于 1990 年开始超越存款类机构，成为市场规模最大的金融机构。而存款类金融机构的市场份额则从 1974 年的 58% 下降为 1999 年的 31%，损失市场份额将近一半。但同时由于针对新兴金融机构的管制相对较少，以及金融体系内生的顺周期性特征，金融泡沫过度膨胀造成了宏观风险。

第四章　美国宏观经济政策的历史演变：经济结构影响

第一节　美国经济结构对财政政策的动态影响

一　美国生产结构对财政政策的影响

随着美国产业结构向服务业的演化，经济增长的短期稳定性有所增强，相机抉择财政政策的逆周期调节职能有所弱化，财政政策更注重调节结构性和社会性问题。财政在建筑类方面的投资比重逐渐降低，对科研开发、人力资本、社会保障等“软实力”投资比重逐渐提高，以促进中长期的经济增长潜力。

（一）美国产业结构演化促进宏观经济稳定，相机抉择财政政策的逆周期调节职能弱化

各个产业之间的经济波动差异加大。服务业的收入、价格需求弹性相对较小，而且没有制造业的库存波动管理问题，因此其波动幅度相对较小。服务业占 GDP 的比重逐渐提高，这会促进美国的宏观经济稳定[①]。随着美国宏观经济稳定性的逐渐增强，财政政策的调控压力减小；而且美国的累进制所得税比重较大，税收内在自动稳定器的作用较强，有利于宏观经济稳定，因此财政政策尤其是财政支出政策的第一着力点是解决社会问题，促进中长期

---

① 当然，宏观经济稳定性的增强并不意味着在任何时点都绝对不出现比较严重的衰退，2007～2009 年的大衰退并不能否定产业结构演进对美国宏观经济稳定的促进作用，只是其他冲击的作用在这一时点凸显了。

增长，对短期宏观经济的调控成为第二位的目标。根据 Stock 与 Watson 对美国经济周期特征事实的研究，二战以后美国政府支出没有明显的周期相关性，无论是联邦政府支出还是州、地方政府支出均如此，政府支出是外生的，首要考量是如何解决医疗、社会保障等社会问题，维持宏观经济稳定则是财政支出政策第二位的目标。

在下文中可以看到，中国的财政政策承担着重要的短期宏观调控职责。在计划经济时期，中国的政府开支本身就是经济活动的重要组成部分，是顺周期的；随着社会主义市场经济体制的建立，中央政府逐渐建立起了逆周期的宏观经济调节功能。

（二）在产业结构中制造业比重下降的同时，财政投资中的建筑投资比重也同时下降

二战之前美国的制造业比重相对较高，美国政府大量投资于基础设施建设，在大萧条时期此类投资占比甚至高达 90%，当时的罗斯福新政开始了大规模政府干预经济的改革；但是二战之后政府建筑类投资的比重迅速下降到 50% 以下，比例大体平稳。二战之前美国政府对软件、研发等方面的无形资产投资比重很低，只有 2% ~3%，二战之后这一比例迅速提升到 30%。这从图 4－1 的政府投资结构变化中可以得到印证。

随着美国的产业重心从制造业向服务业转移，机场、桥梁、公路、铁路等保障货物运输的基础设施对于经济活动的约束力有所下降（甚至出现了

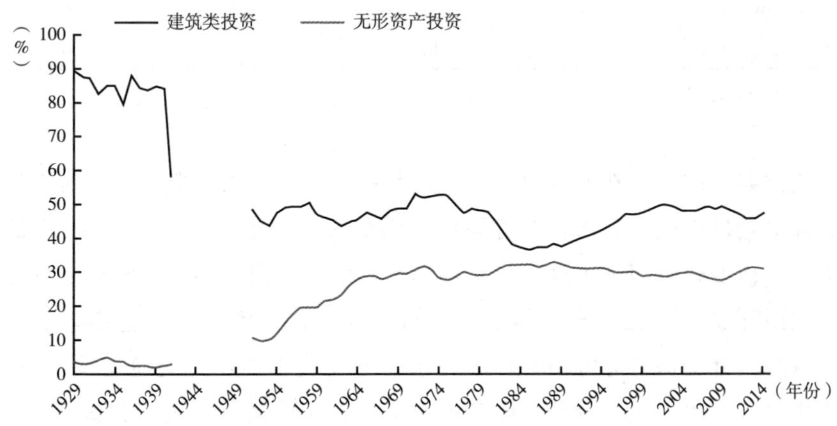

图 4－1　美国政府投资结构变化

注：本图剔除了二战前后数据剧烈波动时期。

资料来源：美国经济分析局财政数据。

基础设施老化现象）；制造业对于大规模厂房建筑的需求也有所下降，企业投资逐渐向技术密集型的设备、软件以及其他无形资产倾斜。政府的投资结构与这种产业结构是相适应的。

（三）美国增长源泉更依赖 TFP，财政政策更看重民生和科技领域

按照新古典增长理论，一国经济增长的根本源泉是劳动力、资本和全要素生产率（TFP）的提高。其中 TFP 包括技术进步、结构改变、要素利用效率等多种因素，如果在资本计算中不考虑人力资本，则人力资本的因素也会体现在 TFP 当中。美国作为处于世界技术前沿的国家，各个因素的增长贡献与发展中国家会有很大不同。

从表 4－1 可以看出，20 世纪 60～80 年代美国大致处于工业化平稳时期，美国 TFP 的增长率对 GDP 的贡献大约为 35.2%，而在 20 世纪 80 年代之后美国进入信息化时代，TFP 的增长贡献达到 44.1%，贡献非常之大。全要素生产率的贡献巨大，构成美国经济增长、改善民众生活最重要的源泉。

表 4－1　美国生产要素增长率及增长贡献

时间段	资本	劳动力	TFP	GDP
年均增长率(%)				
1960～1980 年	1.01	1.53	1.38	3.92
1980～2013 年	0.69	0.82	1.20	2.71
增长贡献(%)				
1960～1980 年	25.8	39.0	35.2	100.0
1980～2013 年	25.5	30.4	44.1	100.0

资料来源：根据美国经济分析局数据计算。

美国财政政策正在变得更加注重对科技、研发、人力资本等软实力的投入，而对基础设施、自然资源等硬件方面的投入会逐渐减少。图 4－2 的财政支出结构变化也印证了这一点，美国联邦财政支出包括人力资源、物理资源、国防开支、利息支出、其他等项目，其中人力资源开支包括教育、培训、医疗、社会保障等方面，而物理资源开支包括能源、交通运输等方面，从图中可以看出，人力资源占联邦财政支出的比重从 20% 逐步提高到 70%，而物理资源的比重逐渐从 10% 下降到 4%～5%，也就是说美国的财政支出更加看重人力资源等社会基础的投入，对于硬件基础设施的投入比重逐渐下降。

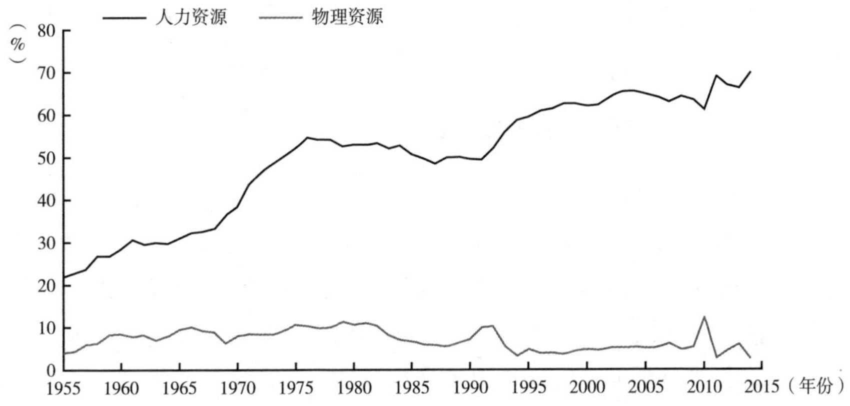

图 4-2　美国人力资源、物理资源支出占财政支出的比重

资料来源：美国白宫管理与预算办公室。

2013 年美国经济分析局对国民经济核算账户进行了系统修订，其中最重要的修订是将研发投资、文艺创作等经济活动列入固定资产投资，进入 GDP 核算，这反映了理论界对无形资产投资的重视。

（四）美国对科技研发提供较有力的税收政策优惠

19 世纪末至 20 世纪初美国处于工业化加速阶段，税收体系很不健全，间接税曾经是联邦政府的主要收入来源。随着美国服务业比重的提高，劳动收入份额逐渐提高，个人所得税成为联邦政府的主要收入来源，目前个税比重大约为 40%。

个人所得税直接影响个人的可支配收入，因此税收政策的调整有一定的需求管理职能。美国在衰退时往往推出减税政策，但是在经济复苏时往往因为政治阻力难以推出增税政策，使其只是在衰退时期的单向刺激，而且税率调整的决策机制非常复杂，决策时滞较长，这些都导致该政策刺激效果非常有限，政治象征意义大于实际的经济意义。

美国的税收收入主要依靠个人所得税，税率调节主要影响个人的收入和需求，很难制定行业性的差别税率来实现对不同产业的影响。但是美国往往通过对某种特定经济活动的税收优惠，来实现其政策意图。这方面，美国最典型的优惠措施是科技研发税收优惠，其来源是 1981 年通过的研究 - 实验税收减免法案（Research and Experiment Tax Credit），该项目 1985 年到期之后延续了 13 次，直到今天。美国的科技研发税收优惠极大地刺激了企业的研发投入，对于中小企业的优惠效果尤其明显，从而提高了产业创新能力。

2009年金融危机之后，经济复苏比较乏力，奥巴马政府和部分议员提出将科技研发税收优惠措施永久化，从而减小对企业的不确定性。

二 美国需求结构对财政政策的影响

美国政府多数时候都在采取积极的财政政策来刺激经济，以实现稳定宏观经济的目的。需求结构对财政政策影响的渠道是，需求结构影响财政政策效果和工具选择，进而影响宏观政策的目标。具体渠道主要有两条：一是需求结构存在的问题或者诉求会成为财政政策的政策目标之一，影响政策目标；二是需求结构会影响财政政策工具传导机制从而影响政策效果，所以财政政策工具的选择会受到需求结构的影响。对美国财政政策来说，两条渠道的影响力度相当，第二条稍显突出。

以下具体分析美国需求结构对财政政策的影响。使用的方法是通过分析美国财政政策的历史演变，对照当时的需求结构特征，探究美国需求结构对财政的影响。

（一）1950年早期之前的美国财政政策

1929年10月，美国爆发了迄今为止最为严重的经济大萧条。1933年3月4日，罗斯福入主白宫。为了挽救濒临绝境的美国经济，罗斯福大刀阔斧地开始实施以“复兴、救济、改革”为内容的新政。罗斯福新政作为一种没有现成理论指导的实践活动，采取了一系列类似于凯恩斯理论的扩张性财政政策措施，政府支出主要用于公共工程和以工代赈。

二战后到20世纪50年代所实行的是“补偿性”财政政策。为了使预算制度适应“补偿性”政策的要求，新古典综合派还建议采取“复式预算”。在预算支出项目中，新古典综合派主张不宜用于普通预算安排的资金，最好用于公共工程、住宅建设、失业保险、退伍军人津贴及军事支出等项目，以便随经济环境的变化而增减。

（二）1950～1970年工业化平稳时期的财政政策

二战后，美国政府试图用“补偿性”政策来最大限度地缓和经济周期波动，其结果尽管使战后几次经济衰退比较缓和，但在艾森豪威尔执政的8年中，美国经济增长速度非常缓慢，萨缪尔森将这个时期称为“艾森豪威尔停滞”。

20世纪60年代，肯尼迪总统执政以后，为了克服“艾森豪威尔停滞”，加速经济增长，保持美国的霸主地位，在新古典综合派经济学家赫勒、托宾、奥肯等人的帮助下，开始实行“增长性”财政货币政策。“增长性”政策的基本内容是，在萧条时期实行扩张性财政与货币政策以刺激经济回升；在经济回升时期，只要实际产出水平低于充分就业产出水平，就要通过扩张性财政货币政策来刺激经济加速增长。

扩大政府支出以增加总需求的办法在实践中遇到了巨大困难，唯一可行的措施就是减税。最终肯尼迪接受了减税建议，但直到 1964 年 2 月约翰逊就任总统后才在国会获得通过。1964 年 2 月 26 日，约翰逊签署实施《1964 年税收法案》，该法案降低个人所得税率约 20%，边际税率从《1954 年税收法案》规定的 20% ~91% 降低到 14% ~70%。

“增长性”政策对经济政策的理论和实践做出了较大的贡献。主要表现在以下方面。第一，适应了时代发展的要求，实现了经济快速增长目标。第二，使财政政策从预算平衡的教条中解放出来，实现了从平衡预算到赤字预算的转变。第三，强调经济沿着潜在产出水平的增长路径扩张是对衰退的最好防御。如果把“补偿性”政策看成是对衰退所采取的事后治疗措施的话，那么“增长性”政策则是为了防止衰退的发生而采取的预防性措施，其目的是实现经济持久的繁荣和稳定。“增长性”政策把宏观调控的重心从事后的被动应对转移到事前的主动调节上来，是经济政策理论和实践的一大进步。第四，实现了从关注短期问题的“微调”到开始关注财政政策长期问题的转变。第五，开始强调货币政策的重要性。

（三）1970 ~1990 年调整时期的财政政策

里根就任总统期间依据供给学派和现代货币主义的政策主张提出了“经济复兴计划”和“经济增长和机会的第二任期计划”。布什入主白宫后，为对付美国经济自 1990 年 7 月开始的衰退，颁布了“一揽子预算妥协法案”，布什政府想以此使财政赤字逐年递减、增加储蓄和供给、降低利率、扩大投资，使经济达到无通货膨胀发展的境界。

里根总统和布什总统在不同时期的财政政策更多地针对经济增长、经济结构和需求结构的变动。在消费和投资需求不振的时期，需要采用积极的财政政策，刺激投资和减税以刺激消费等。这些实际财政政策选择充分体现了美国需求结构对于财政政策的影响。

（四）1990 年之后的美国新经济时期

1990 年代以来，美国经济持续增长，出现“新经济”状态，成为战后经济增长持续时间最长的时期，美国经济实力及其在世界上的地位进一步增强。

这一时期的美国经济增长较为稳定，政策上主要采取扩张性财政政策，新凯恩斯主义与经济自由主义相结合。但经济自由主义的结果是“华尔街的疯狂”、次贷危机和全球金融危机的爆发。这一时期美国财政政策对于经济的干预较少，但也体现了在财政政策选择上对国民经济需求结构的考虑。

2008 年全球金融危机爆发后，美国采取了一系列的财政刺激政策，包括减税、扩大政府支出以及扩大消费和就业等。

美国政府始终在用积极的财政政策刺激经济，以实现稳定宏观经济的目的。尤其是在 1950 ~ 1970 年的工业化平稳时期，财政政策构成了宏观调控的主体，“增长性”财政政策更加重视财政政策调控的作用。这一时期之后，美国货币政策的作用得到加强，财政政策的应用有所减少。

在工业化加速发展阶段，产业革命引起的机器大生产容易造成大规模经济波动，财政政策因为见效快、作用直接，承担起较强的逆周期调节职能，大规模政府投资成为重要的调节手段；这在此后的 30 年代大危机中表现得尤其明显，中央银行独立性还不明显；以至于在工业化平稳阶段，财政政策仍然被认为是熨平经济周期、解决失业问题的药方；但是美国进入服务业为主导的信息化时代之后，财政政策的逆周期宏观调节职能不再是首要任务，主要着眼点转向解决各种社会问题、结构性问题。

三　美国收入分配结构对财政政策的影响

美国大众绝大多数不太在意经济结果的不平等①。除一些特殊时期（如大萧条）外，政府和公众并没有强烈要求向富人征税，以实现收入分配的均衡。不过，经济机会平等在美国意识形态中占据了突出位置②。对经济机会平等理念的坚持，使得收入高流动性的想法在多数美国人心中根深蒂固。在很长时间内，分配差距并不是美国经济与社会的主要问题。

然而，收入与财富分配差距恶化对美国财政政策的影响却是客观的。其一，恶化的收入与财富分配必然阻碍长期经济增长，从而影响美国税基和财

---

① 拉古拉迈·拉詹（2010）：《住房信贷始末》，《断层线：全球经济潜在的危机》，中信出版社，2012，第 36 页。

② “所有人生而平等”的社会信念长久以来深入美国人心，其中，平等主要指机会分配的平等。1984 ~ 2004 年“全国选举研究”调查显示，超过 85% 的美国人同意，美国社会应尽一切必要的可能，确保每个人都拥有平等的机会通向成功。——Bartels, Larry (2008)：《不平等的民主：新镀金时代的政治经济学分析》，方卿译，上海人民出版社，2012，第 128 ~ 130 页。

税收入。其二，收入分配差距越大，财政政策的乘数效应就会越小①，财政政策的有效性就越低。其三，不平等会导致政治和社会的不稳定，会增加政治与社会压力，降低其应对外部冲击的有效性，增加经济和社会负担，包括增加财政支出。在美国经济陷入高度不平等时，当政者往往面临很大压力。美国白宫“总统经济报告”对收入、财富或教育“差距”的关注，在20世纪70年代仅在1974年和1975年出现，2000～2007年经常出现，2008年以后则年年出现。

面对分配差距的波动，在财政政策领域，政府相关治理举措包括调整税收、公共投资、转移支付和社会安全网建设，等等。

（一）美国调整收入与财产税的税基与税率，但其改善分配差距的效应下降

调整收入税的税基与税率。在1913年之前，美国仅于1866～1871年（重建年代）和1894年开征过联邦收入税，而且仅对富人开征。在1870年代早期、一战前夕尤其1913年、1916年、1928年和1929年前三个季度，联邦政府对顶级富豪征收收入税，有助于促进收入与财富分配公平。1970年之后收入税累进程度下降，对分配差距恶化势头的遏制效应减弱。从20世纪90年代开始，税收体系日渐不公平，税基重心逐步从财富转移到工资。1992年，国会通过法案“薪水免税包”，规定“绩效报酬”免税。近年来，企业高管薪酬脱离企业绩效而飙涨的情形已十分普遍，而普通职员工薪增长缓慢甚至下降，结果加剧了分配差距的扩大。典型政策是1997年的税改法案、2001年和2003年的减税，使资本利得税率从1997年的28%降至20%和15%，红利收入税率也一并下调，为富豪们带来大笔横财。仅2001年和2003年的两次减税政策，就使富豪们2001～2010年至少获益8241亿美元，预计随后75年可达5.9万亿美元②。1980～2003年，美国工薪税率上涨25%，但投资收入最高税率下降31%，大额遗产税率下降79%③。

调整财产税的税基和税率。现代财产税（Estate tax）于1916年提出，

① Samanta Subarna K & J. Georg Cerf，“Income distribution and the effectiveness of Fiscal Policy”，*Journal of Economics and Business*，2009，Vol. XII，No 1，pp. 29－45.

② Dollars and Sense，*The Wealth Inequality Reader*，2004，p. 26.

③ 对财富减税导致税收大幅下降，不得不削减部分社会支出，部分社会支出2005年被布什当局永久性地取消，造成“不平等扩大－再分配支出减小”的恶性循环。事实上，收入分配差距扩大，也导致国会更加分化，政治冲突加剧，使后者更难以在税收和再分配方案上达成一致，对收入分配差距的改善难以达到预期效果。

1919年首次开征，但只有很少部分的遗产交了联邦税（大约不足2%），大部分财产赠予也没有报税的要求，而继承财富占美国总私人资本的比例至少有50%～60%①。顶级富豪的不动产边际税率曾达77%。为确保经济竞争的自由性和收入的高流动性，政府最重要的治理目标就是反垄断，并采取了多种手段②。但是，近年来，富豪们在资本运营和资产交易方面寻求制度庇护，以快速积累私人财富。《私人证券立法改革法案》（1995年）设立了众多障碍，阻止投资者投诉证券欺诈行为，让股东和养老金领取者眼睁睁地看着自己的财富在20世纪90年代后期的公司崩溃潮中消失殆尽。《金融现代化法案》（FMA，1999年）取代《格拉斯-斯蒂格尔法案》（GSA，1933年），推倒了投资银行和经纪人之间的防火墙，助长利益的巧取豪夺。《商品期货现代化法案》（2000年）解除了对衍生投资交易的监管。股票期权不再作为支出来处理，审计员不再被要求同审计公司保持中立（2001年），造成公司欺诈和操控财务报表的丑闻频发，尽管国会2002年通过《公共公司会计和投资者保护法》，但仍未能挽救数百万工薪阶层的养老金和储蓄于水火。

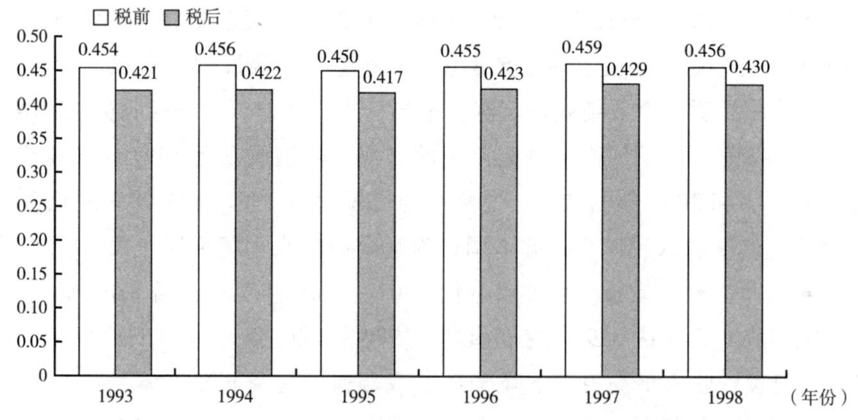

图4-3 美国税前和税后家庭收入GINI系数

资料来源：美国普查局，"当期人口调查"，1994年3月至1999年。

① Piketty, T., Capital in the Twenty-First Century, 2013, p.428.

② 在金融领域，为限制银行的权利，政府进行了多次干预，包括历史上安德鲁·杰克逊关闭美国第二银行。1913年，美联储成立，取代摩根银行成为各银行的最后贷款人。在商业领域，通过反托拉斯调查，政府遏制商业大鳄的实力，比如调查美孚石油公司和微软公司。

（二）多数财政支出项目在边际上能够缓解分配差距，但支出力度与结构近年来越发不合理，对分配差距的遏制效应逐渐下降

1. 救济措施

（1）政府投资，也被称为联邦救济措施（1933～1942年）。在大萧条最深重的时候，失业率高企，中下层民众生活艰难，国会为此通过《联邦紧急救助法》和《农业调整法》，开启了联邦政府的救济措施。救济措施的主旨就是“做到谁也不挨饿”，投资到私人企业力所不能及的3万个以上的新工程和项目上，总开支不超过200亿美元。这些投资大大改变了美国的面貌，其中的典型是田纳西河流域工程，防止河水侵蚀300万英亩农田，使整个流域内居民的平均收入提高了9倍①。

（2）社会保障政策（1937年至今）。社会保障政策1937年开始推行，随后社会保障体系（SSS）迅猛发展。1937～1971年，社会保障福利使全体美国人的财富增加了37%②。1962年，养老基金储备贡献了个人净财富的7%。这些财富对美国中低收入阶层十分重要③。2010年，在社会保险中，医疗保险、老龄保险、失业保险和残疾保险参与者达1.12亿人，联邦财政相应支出1.39万亿美元。

失业保险是社会保障政策的重要组成部分。当经济从严重下滑中复苏时，联邦政府都采取扩大失业保险福利的方式，比如20世纪50年代、60年代、80年代早期、90年代和21世纪头10年早期各一次，20世纪70年代两次。2010年，失业保险福利使320万人避免陷入贫困状态（美国当年贫困人口4600万，相当于总人口的15.1%）④。2007～2010年，收到失业保险的家庭平均每户每年失业保险额度从4400美元升至8340美元。失业保险覆盖了10%的家庭，每个家庭每周平均收到约300美元（2011年）。1962年，财富不包含社会保障福利时，最富的1%人口（35～63岁）的财富占比为28.4%，包含社会保障福利时，该数字下降近10个百分点至18.9%⑤。

① 曼彻斯特：《光荣与梦想》，朱协等译，海南出版社，2004，第67页。

② 1937～1962年该数字为31%，其中家有35～64岁男子的家庭，该数字为35%。

③ Williamson, J. G. and Lindert, P. H., *Amrican Inequality: A Macroeconomic History*. New York: Academic Press, 1980, p. 61.

④ Economic Report of the President, Washingtion: United States Government Printing Office, 2012, p. 197.

⑤ Williamson, J. G. and Lindert, P. H., *Amrican Inequality: A Macroeconomic History*. New York: Academic Press, 1980, p. 61.

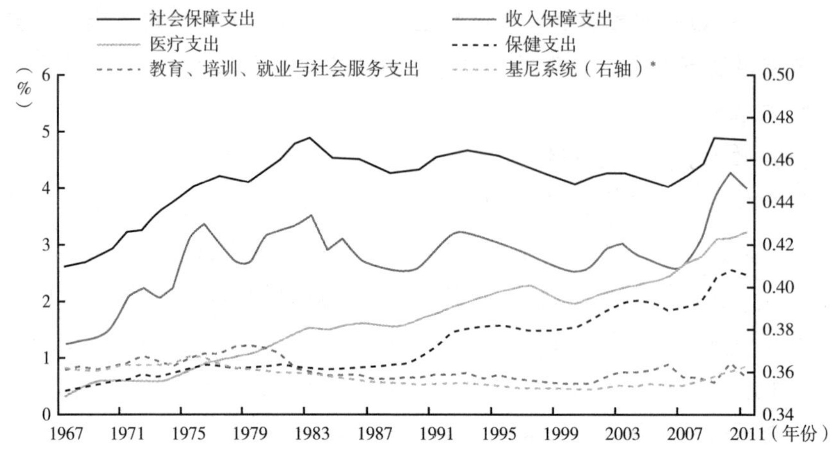

图 4-4　美国居民家庭收入基尼系数与相应财政支出/GDP

资料来源：美国商务部普查局、经济分析局；白宫预算管理办公室。

1956 年，这两个数字为 31.6% 和 16.5%。

（3）教育援助。政府通过公共教育政策或者培训项目，影响个人的智力、经验、技能等特征，劳动力市场则根据这些特征评估个人的劳动报酬，从而影响分配结果。公共教育的水平越高，经济分配的结果就越公平。政府最好提供初级和中等公共教育，对高等教育可采取佩尔助学金（Pell Grant）和学生贷款项目等措施。多位美国总统推动过教育改革，但成效不大。比如，1972 年，美国设立《联邦佩尔助学金》（Federal Pell Grant），旨在帮助工薪家庭的大学生，但力度近年来大大减小。该助学金相当于四年制大学生平均成本的比例，1975～1976 年为 84%，到 2003 年已大幅降至 39%。

（4）财政补贴。1933 年 5 月同《联邦紧急救助法》一起获批的还有《农业调整法》。这是鉴于艾奥瓦州的农民暴动而制定的，用减少产量的办法提高农产品价格。政府出钱补贴农民，让他们可以少种地。

然而，自 20 世纪 70 年代以来，多数社会保障支出项目占 GDP 的比重逐步下降，无法遏制收入分配差距的恶化。社会保障支出/GDP、教育培训就业与社会服务支出/GDP 从 20 世纪 80 年代前期开始，收入保障支出/GDP 和老兵福利与服务支出/GDP 从 1970 年中期开始，绝大部分时间里稳中趋降，同收入分配差距持续扩大的势头反向而行。仅医疗支出/GDP 和保健支出/GDP 持续保持了上升趋势，几乎同基尼系数同向而行。政府对这些项目的支出在个人收入中的比重，自 20 世纪 80 年代初以来基本呈下降势头，

1982 年为 5.6%，1990 年降至 5%，1993 年反弹至 5.3%，2000 年降至 4.7%，直到 2008 年一直保持 4.8% ~4.9%，2008 年金融危机之后迅速提升至约 5.5%。比如，1996 年，《单亲家庭援助法》（AFDC）被废除，代之以《贫困家庭临时帮助法》（TANF）。AFDC 获联邦政府授权，对受助家庭无条件赠予某一最低限额的津贴，是明确帮助单亲家庭的最重要的联邦 - 州项目①。TANF 主要由州政府管理，对援助课以种种限制条件，如严格的工作要求，有效期最多五年，以及最高可取消援助资格的处罚②。

2. 非救济措施

这类措施包括老兵项目、幸存者项目、残疾项目、失业项目、学校午餐项目和工人报酬项目。其中，工人报酬项目包括确立最低工资标准，但其真实水平近 50 年来呈下降势头。联邦最低工资（按工时计）1938 年开始设置，至 2012 年，其名义值介于 0.25 美元和 7.25 美元，其中 1938 ~1968 年实际值不断上涨，但随后则稳中趋降，2012 年仅相当于 1960 年水平。蓝领工人等大量雇员的生产率井喷式地增长，但未能分享到日渐扩大的“蛋糕”，拉大了同富豪们的收入与财富差距。这同劳工法不利于劳工也有关系。美国劳工法压制工人采取最有效的集体行动，让工人的许多集体行动难以实施，甚至将它们定义为非法。《1935 年全国劳动关系法》旨在治理绝大多数经济部门的工会组织，相当不利于工人维护自己的权益③。

（三）美国税率、税基以及支出结构的调整不合理，遏制分配差距扩大的效应减弱

从 20 世纪 70 年代以来，美国收入分配差距的扩大主要来自市场收入④

---

① Economic Report of the President, Washington: 1United States Government Printing Office, 1974, p. 138.

② 再分配税，即转移支付政策对税前收入分配差距具有平等化效应。这导致 1929 ~1948 年“政府的上升”。参见 Williamson, J. G. and Lindert, P. H., *Amrican Inequality: A Macroeconomic History*. New York: Academic Press, 1980, p. 189。

③ 该法案要求工人必须开展冗长的选举过程，在这个过程中，雇主可进行威胁性的反工会动作。其他障碍如，在抗议雇主时，工人不能抗议同其雇主公司有业务往来的其他公司。雇主可以永久解雇因为“经济”原因而罢工的工人，比如要求涨薪。某个雇主的工人进行罢工时，其他公司或者其他经济部门的工人不得加入进来。总统有权以行政命令终结罢工。工会和法律学者多年来建议改革劳工法，但长期遭到国会两党的阻挠。工会认证程序即使遭到雇主们恶意破坏也毫无改变。

④ 所谓市场收入，即纳税和转移支付发生之前的收入。家庭的市场收入主要包括如下项目：劳动收入（如现金工资、老板支付的津贴与工薪税），营业收入（如业主独立运营企业和农场的收入），资本利得（通过资产销售和股票互换），资本收入（比如存款利息、红利和租赁收入等）。

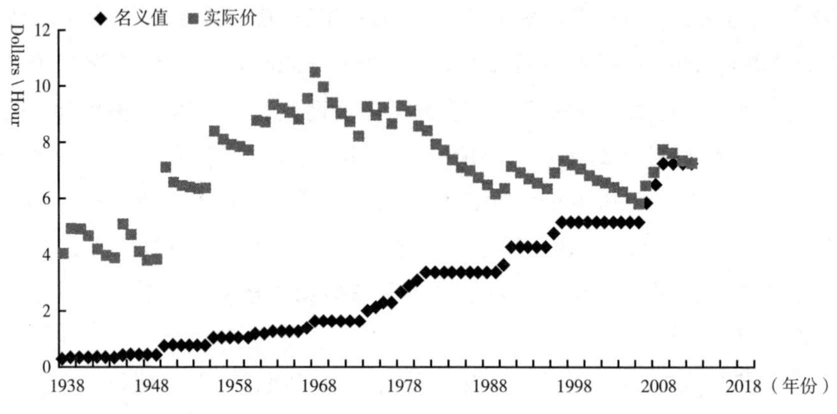

图 4-5　美国联邦最低工资标准名义值和实际值

注：实际值按 2012 年美元价进行调整。

资料来源：美国俄勒冈大学，http：//oregonstate. edu/instruct/anth484/minwage. html。

的不均匀增长。1979～2007 年，家庭收入分配差距拉大 33%，其中 23 个百分点来自“市场收入”分配，6 个百分点来自“政府转移”分配，4 个百分点来自联邦征税分配（联邦税率综合水平下降，联邦收入从收入税转向累进程度下降的支出税）。在 23 个百分点的市场收入分配变化中，18.2 个百分点是因为收入从各类主体转移到顶级收入者（占 79%），4.8 个百分点从工薪转为资本利得和资本收入。资本利得对最富 20% 家庭市场收入增长的贡献率，1991～2000 年为 45%，2000～2007 年为 80%。

因此，财政政策难以担当逆转收入分配差距方向性变动的大任。其一，从边际效应来看，财政收入项目或者支出项目都有助于减缓收入差距。如表 4-2 所示，2000 年，美国财政收入与支出项目使居民家庭收入基尼系数下降了 18.9%，其中财政支出项目的效应为 14 个百分点，收入项目的效应为 5 个百分点。在财政收入项目的减缓效应中，联邦收入税贡献了 4.6 个百分点，劳动收入税减免贡献了 0.8 个百分点，但工薪税却微幅增大了收入分配差距。在财政支出的减缓效应中，救济项目的贡献为 12.2 个百分点，其中又以社会保障和医疗为主，二者分别贡献 6.9 个百分点和 3.6 个百分点。其二，从支出规模来看，近 40 年来，美国政府核心支出未能跟上收入分配差距扩大步伐。政府对市场条件的调整①，为这种恶化势头火上浇油。

① Kelly, Nathan J., *The Politics of Income Inequality in the United States*, Cambridge University Press, 2008. pp. 40-48.

表 4-2　美国财政收支政策对收入分配的调节效应，2000 年

			使居民家庭收入基尼系数下降%
财政收入与支出			18.9
收入		小　计	5.0
		联邦收入税	4.6
		劳动收入税收减免(Earned Income Credit,EIC)	0.8
		工薪(payroll)税	-0.4
支出	合计		14.0
	救济(Means-tested)项目	小　计	12.2
		社会保障	6.9*
		医疗保险	3.6*
		医疗补助(Medicaid)	0.8
		附加保障收入(Supplemental Security Income,SSI)	0.6
		公共援助	0.4
		教育援助	0.4
		食品券	0.4
		住房补贴	0.0
	非救济(non means-tested)福利项目	小　计	1.8
		老兵项目	0.4
		幸存者项目	0.4
		残疾项目	0.4
		失业项目	0.2
		工人报酬项目	0.2
		学校午餐项目	0.2

注：本表的居民家庭收入均为再分配之前的收入。社会保障和医疗的收入分配效应合计 9.6%。

资料来源：Kelly, Nathan J., *The Politics of Income Inequality in the United States*, Cambridge University Press, 2008, pp. 40-48。

总的看来，政府投资、政府补贴、社会保险措施（如医疗保险和失业保险等）和减税等财政政策能够在一定程度上直接缓解收入分配恶化的程度，因此得以成为美国政府治理分配差距的主要工具。但由于收支结构的日益不合理，上述工具对收入分配差距的遏制效应逐渐下降了。

四　美国金融结构对财政融资能力的支撑作用

美国金融市场的成熟和金融结构的完备为顺利实施财政政策提供了更大

的空间。其一，帮助美国政府直接从债券市场融资，以满足财政资金需求。其二，美联储向财政系统缴付巨额利润。21 世纪以来，每年美联储向美国国库上缴的利润平均在 200 亿美元以上。金融危机爆发之后，美联储通过量化宽松政策，印刷了大量的美元用于购买国债，其产生的利润成为危机后捉襟见肘的财政资金的重要补充。2008 年至今，美联储累计向美国财政提供铸币税收入 4019 亿美元，约合每年 670 亿美元。

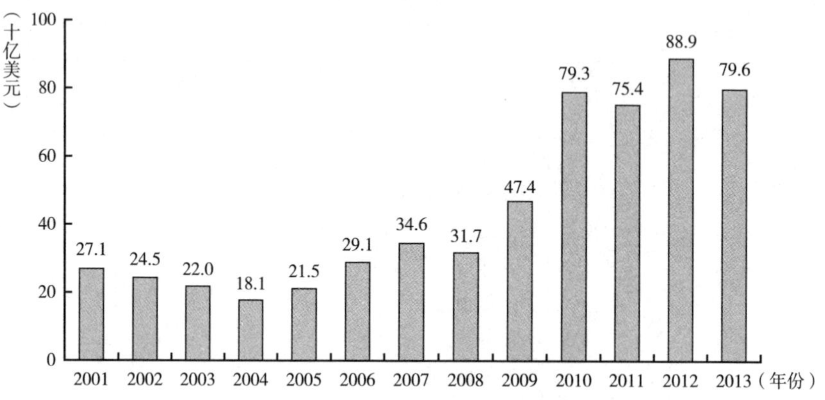

图 4－6　美联储向美国财政部上缴利润

资料来源：美联储历年年报。

（一）美国财政赤字与国债水平

对于一个国家而言，弥补财政赤字有四种方式，即增加税收、增发货币、发行国债和减少支出。对于美国这样的民主国家而言，增加税收和减少支出往往面临很大的社会阻力。因此，更为容易的选项是发行国债和增发货币。考虑到通胀因素，发行国债往往是更为安全和常用的手段，从而形成政府负债。衡量政府负债大致有两种方法，政府债务与国内生产总值 GDP 的比率（欧盟），一是政府在多大程度上能不发行债券满足开支需求(即 primary balance)①。

随着财政赤字的累积，美国公共债务问题存在加剧趋势。2000 年美国国债为 6.9 万亿美元，占 GDP 的 57.3%。2007 年上升到 10.8 万亿美元，占

① 后者的实际情况更复杂，经合组织的定义是除综合政府债务上的利息支付以外的政府净债务或净贷款，日本政府的定义是扣除赤字后收入折抵开支（不包括利息支付和债务赎回）的状况。

GDP 的 64.4%，已超过 60% 的国际警戒线。为应对危机而加大的财政开支，进一步推高了美国的国债水平。2009 年美国国债增至 12.3 万亿美元，占 GDP 的 83.4%。2011 年 5 月 16 日，美国国债触及债务上限，创 14.29 万亿美元的历史新高，占 GDP 的 96%。美国这个世界第一经济大国已成为世界最大的债务国。国际货币基金组织数据显示，截至 2014 年底，美国国债约 18.25 万亿美元，已超过美国全年 17.42 万亿美元的 GDP，美国国债与 GDP 比率已突破 100% 的大关。

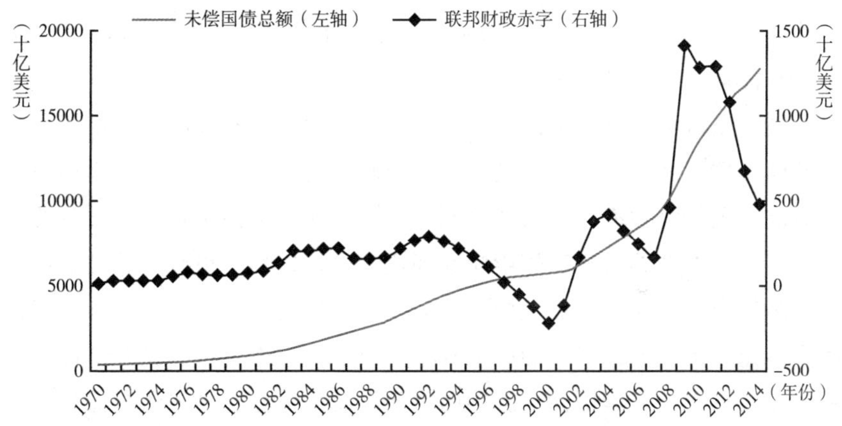

图 4－7　美国联邦财政赤字与国债规模

资料来源：Wind 资讯；https：//www. whitehouse. gov/。

美国政府正在以史无前例并且最终无以为继的速度举债。国会预算办公室预计，在 10 年之内，公共部门持有的联邦债务可能达到国内生产总值的 90%，考虑到目前和未来可能实现的美国经济增长速度之低，即便是这种估计也很可能过于乐观。国际货币基金组织最新工作人员论文预测，该指标最快可能在 2015 年达到 100%，接近如今的希腊和意大利。除了第二次世界大战期间及其刚结束的一段时期，美国自 1792 年开始保存记录以来从未有过如此高的负债。

这种政策选择的背后，实际依托着美国庞大、完善且发达的国债市场。目前美国国债市场已经成为全球最大的债券市场，大致分为国债市场、政府机构债券市场、市政债券市场、资产支持证券市场和抵押贷款支持债券市场。2010 年 9 月债券市场规模达到了 35 万亿美元，且具备较高的稳定性。如果没有美国的债券市场作为依托，美国财政政策空间将大幅缩水。

（二）美国国债市场：从全球化融资到非常规货币政策支持

为筹集战争经费，美国在200多年前就开始发行国债，除一级发行市场和二级交易市场以外，也包括预售市场、本息分离交易市场、回购交易市场等现货市场，还包括远期交易市场、国债期货和期权交易等衍生品市场。由美国财政部面向公众发行的国债，分为短期债（T－Bills）、中期债（T－Notes）、长期债（T－Bonds）和通胀保值债券（TIPS）。美国债券市场总额占全球债券市场总额的34%～40%。由于整个市场体系涵盖范围广，能够满足各类投资者的不同需求。

美国国债市场具有极强的流动性和市场深度，由有效的回购市场和衍生市场共同支撑，其功能已经超越了简单的政府财政融资以及公开市场操作等基本职能。国债收益率已经与政策利率一起，成为美国金融资产定价的基准利率。国债收益率的变化直接影响联邦代理机构债券、市政债券、企业债券甚至国际债券的收益率。而美国国债的回购利率则因被视为无风险利率，而成为众多金融衍生产品定价的基准利率。很多国家中央银行在外汇市场上的主要操作工具也是美国国债。美国国债已经成为全球交易中的担保品和安全港，具有异于其他债券产品的特殊国内国际地位。正是因为上述原因，许多国家政府都将美国国债作为外汇储备，机构投资者也将美国国债作为对冲风险的工具和资产组合的选择。

2014年底美国国债总额已达18.25万亿美元，其中约28%由美国政府部门与信托机构等持有，72%由公众持有（可交易与不可交易比约为24∶1）①。不可交易的国债中，外国人持有约2亿美元。在海外持有者中，截至2015年1月中国政府持有1.24万亿美元②，约为海外持有总量的19.93%，同日本相当；私人持有美国财政部债券的33.67%。由于主要的持有国如中国、日本等为保障自身资产安全性，避免资产配置信息外露，往往通过投行、基金等机构代理的方式购买美国国债，这些国家的实际持有比例比统计数据显示的更高。

① http://www.treasurydirect.gov/govt/reports/pd/mspd/2014/opds122014.pdf.

② http://www.treasury.gov/resource－center/data－chart－center/tic/Pages/ticsec2.aspx.

表 4－3　截至 2015 年 1 月美国财政部债券的前十大外国持有者

国别	外国持有量(10 亿美元)	各国占外国持有总量的比重(%)
中国	1239.1	19.93
日本	1238.6	19.92
比利时	354.6	5.70
加勒比海银行中心	338.5	5.44
石油出口国	290.8	4.68
巴西	256.5	4.13
英国	207.4	3.34
瑞士	205.5	3.30
卢森堡	176.0	2.83
中国香港	172.0	2.77
外国持有总量	6217.9	100

资料来源：美国财政部，《财政部证券资产的主要外国持有者》，2015 年 1 月。

第二节　美国经济结构对货币政策的动态影响

一　美国生产结构对货币政策的影响

随着美国产业结构重心从制造业向服务业的演化，通货膨胀的形成机制发生变化，劳务和工资对于通货膨胀的影响更大，科技进步促进了低通胀环境的形成，产业结构的演化引起就业市场的结构性问题，因此货币政策当局对通胀和就业的权衡发生变化，影响了其货币政策的操作方式。

（一）美国产业结构演化使得货物生产对价格形成的影响机制有所减弱

随着美国产业结构重心从制造业向服务业的转型，服务业对美国通货膨胀的影响更加显著。图 4－8 总结了 20 世纪 30 年代以来 GDP 缩减指数通胀率以及货物价格通胀率、服务价格通胀率之间的关系。货物价格与 GDP 缩减指数之间的关系在二战之前非常密切，在 20 世纪 50～70 年代也依然存在，但是从 20 世纪 80 年代开始，却已经有一定程度的“脱钩”。

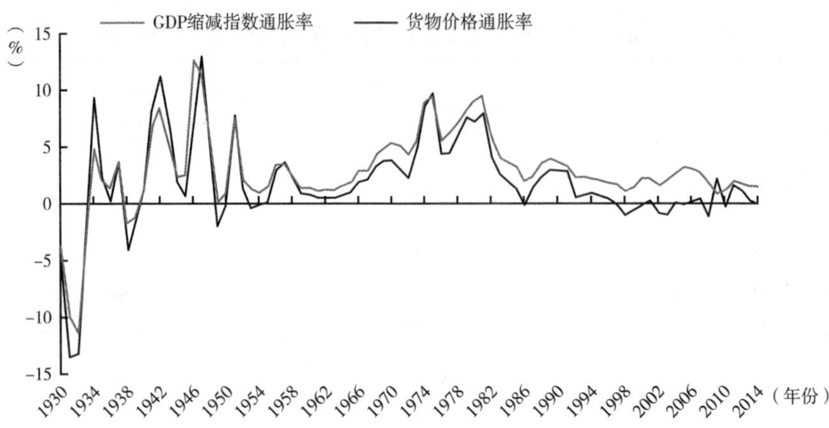

图 4－8 美国 GDP 缩减指数通胀率与货物价格通胀率

资料来源：美国经济分析局。

GDP 缩减指数通胀率和货物价格通胀率之间的相关系数，1930 ~ 1982 年间为 0.91，1982 ~ 2014 年间为 0.64，显示两者关联性有所降低。二战之后尤其是在 20 世纪 80 年代之后货物通胀率持续低于整体通胀率，说明货物产出对整体通胀的影响变小。

从图 4－9 可以发现，在 20 世纪 70 年代之前，服务业通胀率与 GDP 缩减指数通胀率之间的关系已经比较密切，GDP 缩减指数的波动率明显比较大，服务价格通胀率的波动范围相对较小。但是从 20 世纪 80 年代开始，服务通胀率和 GDP 缩减指数通胀率之间的关系进一步增强。GDP 缩减指数通胀率和服务价格通胀率之间的相关系数，1930 ~ 1982 年间为 0.84，1982 ~ 2014 年间为 0.93，说明服务业在通胀中的作用日益增强。因此随着产业结构的转型，美国通货膨胀的形成机制发生了显著变化。

随着美国工会力量的削弱，再加上全球化带来的冲击，制造业逐渐衰落，工人谈判能力削弱，工资和生活成本之间的调整关系逐渐薄弱，因此美国工资增长非常缓慢。尽管 20 世纪 80 年代之后出现了剧烈的原材料价格波动，但是没有出现物价－工资－物价之间的恶性循环，美国没有出现 20 世纪 70 年代的“滞胀”局面。从图 4－10 可以看出，20 世纪 80 年代以来美国年度工资同比增长率平均为 3% 左右，比之前有大幅度下降。尤其是在金融危机爆发之后，名义工资同比增长率只有 1% ~2% 。

随着美国进入服务业主导的信息化时代，货物对整体通货膨胀的影响力

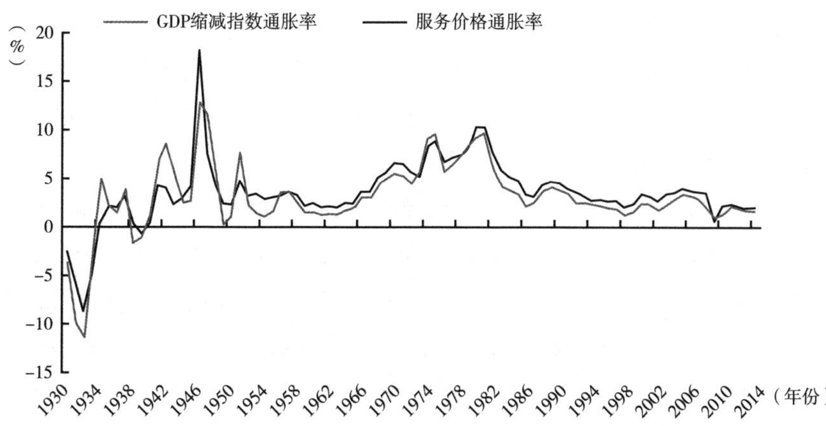

图 4-9　美国 GDP 缩减指数通胀率与服务价格通胀率

资料来源：美国经济分析局。

变小，技术进步和效率提高成为美国低通胀的原因，从而为美国坚持宽松的货币政策提供了重要条件。

图 4-10　美国单位小时名义工资同比增长率

资料来源：美联储圣路易斯分行。

（二）美国产业结构转型引起结构性失业与“无就业复苏”

从经验上讲，就业与 GDP 存在时间滞后关系，因为企业在经济复苏开始时可能存在观望和谨慎情绪，往往首先从内部挖掘潜力（比如增加劳动效率甚至劳动小时数），只有在就业需求明显增大时才考虑雇佣新员工。20 世纪 80 年代之前美国经济复苏与就业复苏的滞后时间为 1～2 个季度。

这种现象从20世纪90年代开始发生了显著变化，就业滞后于GDP的时间大大延长，为6~9个季度，这种现象被称为“无就业复苏”。这种现象是20世纪80年代之后的新现象，说明美国的劳动力市场发生了深刻而又显著的体制性变化。

学术界对美国“无就业复苏”现象已经给出多种解释，在分析2001年经济复苏时学者们就注意到，20世纪80年代之前衰退中的失业更多是临时性的，工业部门将工人解雇之后，在需求复苏时工人很快就会被召回到原来的工厂；在信息化和服务业主导的经济当中，衰退时出现的失业更多是长期性的，工人需要到新的公司甚至新的行业去寻找工作岗位，新公司的成立需要更长时间，就业的复苏注定是缓慢的。上述研究对于认识“大衰退”当中的劳动力市场波动仍然有借鉴意义。在“大衰退”发生之后，经济学家也注意到了“无就业复苏”，认为当今的技术可以方便地替代劳动，公司可以将业务进行外包以提高劳动生产率，因此在复苏前景并不明朗的情况下企业往往不愿意立即雇佣工人。

结构性失业的影响会逐渐加大。随着美国制造业的衰落和生产性服务业的兴起，非熟练劳动力工人在失业之后，很难在信息技术、商务服务等现代服务业找到工作，行业、技能错配现象更加剧烈，导致失业现象难以解决，并拉长了失业时间。这就迫使美联储将解决失业问题作为更加重要的任务。

（三）美联储明确失业率目标，认为通货膨胀的风险不大

一方面，美国在经济复苏时期容易出现较长时间的结构性失业，使得高失业率持续较长时间，美联储更愿意采取宽松货币政策；另一方面，高失业率使得工人工资增长缓慢，而工资在服务业主导的产业结构中对整体通货膨胀有着更强的影响，工资增长缓慢也使得通胀率相对较低，美联储在放松货币政策时的顾忌更小。

此外，产业结构演化也会导致美联储更看重核心通货膨胀。制造业和服务业之间的价格黏性不同，随着服务业比重的提高，货币政策的钉住目标也会发生变化。Akoi在这方面进行了研究，他的模型包括两个部门，① 一个部门有完全的价格弹性，一个部门的价格黏性较强。动态递归一般均衡模型的分析认为，货币政策的最佳选择是只钉住价格黏性部门

① Akoi, K., “Optimal monetary responses to relative price changes”, *Journal of Monetary Economics*, 48, 2001, pp. 55-80.

的通货膨胀，这种货币政策不仅有利于控制总体通胀，而且对于稳定经济总产出是有帮助的。这种研究为钉住核心通货膨胀的货币政策提供了理论依据。

从图 4－11 中可以看出，20 世纪 80 年代之前联邦基金利率往往对通货膨胀率做出较快的反应，但是在 21 世纪初和 2008 年金融危机之后的两次衰退之中，通货膨胀相对温和，利率保持在较低水平，在部分时间内联邦基金利率甚至低于 CPI 通胀率，出现负的实际利率。2008 年国际金融危机之后出现零名义利率，说明美联储对于整体通货膨胀的担心大大下降。

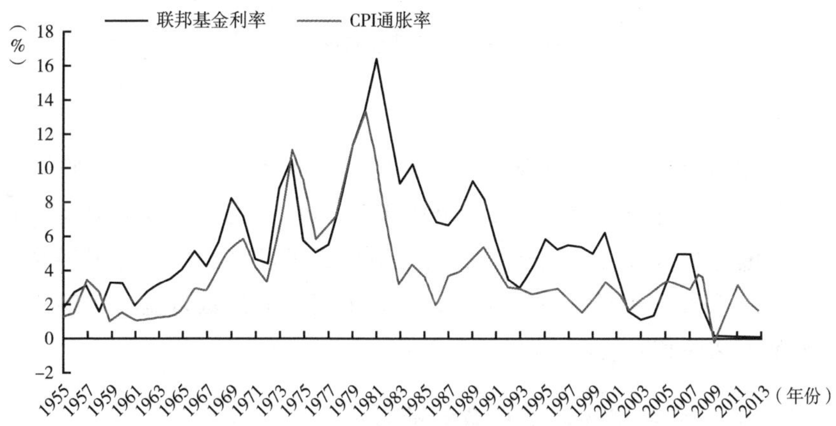

图 4－11　美国联邦基金利率与 CPI 通胀率

资料来源：IFS。

而从图 4－12 则可以看出，美国联邦基金利率保持了对失业率的强劲反应，失业率较高时降低利率，失业率较低时提高利率。这说明决策者在灵活地运用货币政策，调节就业形势。在经济衰退时期，政府对失业率的担心是第一位的，对通胀风险的担心较小。

美国货币政策对就业和通货膨胀的权衡与其产业结构是相适应的，美联储在经济衰退时往往更加担心失业率，对整体通胀的担心不大，而且更看重核心通货膨胀。这容易导致资产价格泡沫和金融风险。

20 世纪 80 年代以来，美国工会力量渐趋薄弱，工资增长缓慢，从原材料到下游的价格传导机制弱化，核心通货膨胀整体偏低；但是另一方面，产

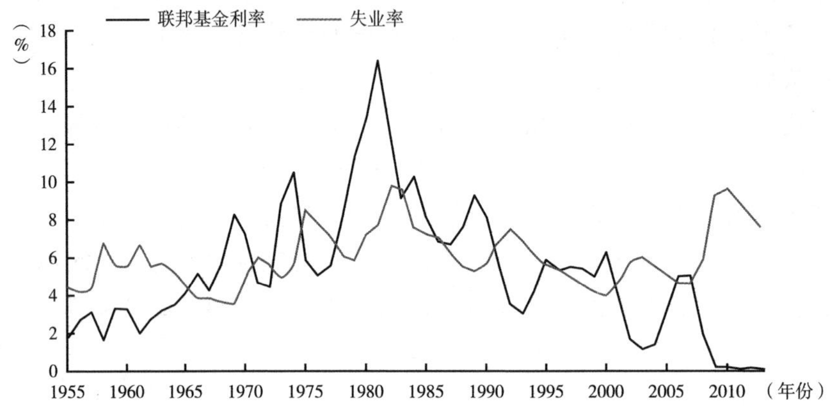

图 4 - 12　美国联邦基金利率与失业率

资料来源：IFS。

业结构转型却会导致“无就业复苏”的出现，这就更容易导致美联储在复苏时期执行相对宽松的货币政策，2001 年和 2009 年的经济复苏都是明显的例证。2003 ~2004 年之后美联储的利率明显低于过去的泰勒规则经验，而 2009 年之后美联储面临零利率下限，于是采用空前的数量宽松政策，认为通货膨胀的风险相对较低。

二　美国需求结构对货币政策的影响

美国需求结构对货币政策的影响较小。影响渠道主要有两个方面：第一，需求结构变动或失衡会影响货币政策的目标，会成为货币政策目标的一部分；第二，需求结构变动或失衡会影响货币政策工具的选择以及实施的效果。对于美国货币政策来说，第二个方面的影响渠道是主要的，货币政策目标主要用于维持物价稳定。

以下分析美国需求结构对货币政策的影响，主要从美国货币政策的发展演变出发，通过分析不同时期美国需求结构状况，对照货币政策的选择，探究两者之间的关系。

(一) 20 世纪 50 年代之前

这一时期的美国宏观调控以财政政策为主。货币市场尚不完善，货币政策的作用不够突出，加之结构的原因，对于经济的调节作用不明显，因而较少被使用。

（二）20 世纪 50～70 年代的工业化平稳时期

这一时期的美国宏观调控仍然以财政政策为主，执行的是“增长性”财政和货币政策。货币政策的重要性有所提高。

1952 年以前美国实行钉住利率政策，朝鲜战争爆发后引发的通货膨胀最终使钉住利率政策被放弃。艾森豪威尔上台后美联储才能够完全自由地操纵货币政策。为达到货币政策稳定物价、促进经济稳定增长的目标，美联储采取控制贴现率方法来实施货币政策。在战后至 1960 年代中期，美国的货币政策以反经济周期和刺激经济增长为显著特点，货币政策最大的特点就是凯恩斯主义的“相机抉择”。

（三）20 世纪 70 年代之后的货币政策

这一时期的货币市场不断完善，货币政策作用不断提高，开始成为重要的宏观调控手段之一。

在早期自由工业化时期，大宗商品对于生产较为重要，上下游之间的传导机制比较显著，物价稳定是政策制定者的关注重点，再加上当时实行金本位制，货币供应量波动较小，货币政策的调节作用较为有限，当时美国出现通胀和通缩交替出现的局面，但中长期价格水平变动并不大。在平稳工业化阶段，大宗商品对生产过程仍然较为重要，而且物价－工资－物价之间的传导机制日益显著，货币政策的大规模扩张容易带来较大的负面影响（如滞胀）。在进入信息化时代之后，服务业逐渐占主导地位，上下游的价格传导机制有所弱化，科技进步使得劳动力谈判地位下降，促成了长期的低通货膨胀环境，货币政策的空间有所增大。美联储开始钉住核心通货膨胀，在衰退时期并不担心通胀风险，而是将失业率目标明确化，开始大规模地运用货币政策，试图收到刺激劳动就业的效果。

三　收入分配结构对货币政策的影响

（一）分配差距的扩大降低货币政策的效应

分配差距越大，货币政策效应就越弱。收入与财富分配差距越大，意味着促进低收入者和高收入者之间资金融通的必要性越强。家庭之间收入和财富的差距，会导致家庭之间需求弹性的不同。一般地，低收入者的储蓄率低于高收入人群。低收入者如果越多，在银行的储蓄存款就越少，被排除在银行体系之外的可能性就越大，结果导致为大量低收入者服务的银行越少。经由商业银行来传导的货币政策效应，就较难发生在大量的低收入者身上，从而降低货币政策的总体效应。[①]

（二）货币政策多目标之间的协调难度，弱化其治理分配差距的效果

收入与财富分配不平等，虽从未列入任何央行货币政策的目标序列，但近年来开始受到中央银行的关注，旨在稳定物价的货币政策，关注的是收入和财富的稳定，而非经济资源的配置或再分配（即效率或公平）。这是否意味着收入平等问题同中央银行没有关系？不完全如此。货币政策有助于经济稳定，而经济稳定有助于促进公平。从这个角度看，货币政策可以帮助低收入阶层免于陷入贫困，在衰退时期尤其如此。不过，当经济增长伴随着高通胀时，货币政策就很难顺利解决收入分配恶化的问题。

以经济稳定为目标（“削峰填谷”）的货币政策，可以降低经济波动对低收入家庭的负面影响，从而缩小收入分配差距及其福利效应。货币政策的传导包括直接渠道和间接渠道，比如当期利率和预期利率、信贷扩张、资产价格。由于住户在许多方面具有显著异质性，比如社会人口属性（年龄、教育等）和经济变量（收入、财富、就业情况），货币政策对所有家庭的影响（方式和程度）很难一致。通胀会改变金融资产和非金融资产的真实价值，直接影响收入和财富的分配。利率的意外下调和通胀的抬头，会伤害储蓄者和借款者的利益。美国的证据显示，通胀对富裕家庭和老年家庭的损害尤其明显，对最贫困家庭的损害最大。低收入家庭的金融财富以更高比例的现金形式存在，其购买力易被高通胀降低。

货币政策冲击和通胀上升对工资和就业的负面效应，在衰退阶段高于经济周期其他阶段。通胀上升常常伴随着收入更大的不平等[②]。在20世纪80年代以来的美国，货币政策收缩，不仅会拉大市场性收入和总收入的分配差距，而且也会恶化消费和总支出的差距[③]。此外，十分重要的是，收入分配差距恶化还会导致通胀上升[④]。为避免“通胀-分配差距”之间陷入恶性循

---

① Grigoryan, Aleksandr H., “Interaction between Monetary Policy and Income Inequality in a Deposits Market”, Central Bank of Armenia, American University of Armenia, July 30, 2011.

② Albanesi, Stefania, “Inflation and inequality”, *Journal of Monetary Economics*, Elsevier, 2007, Vol. 54 (4), pp. 1088-1114, May. Maurer, Maria Rueda and Pinar A. Yesin, “Monetary Policy and Income Inequality”, 2005.

③ Coibion, Olivier; Yuriy Gorodnichenko, Lorenz Kueng and John Silvia, “Innocent Bystanders? Monetary Policy and Inequality in the U. S,” *NBER Working Papers* 18170. 2012.

④ Maurer, M. R. and Yesin, P. A., “Monetary Policy and Income Inequality”, Swiss National Bank working paper. 2005.

环，治理收入分配差距是货币政策的内在需要。

积极的货币政策，尽管存在推高通胀的风险，但可以形成更低的失业率和额外的增长，从而有利于中低阶层收入的增长。约翰·肯尼迪就任总统数周后，新政府就受到保罗·萨缪尔森关于恳求实施干预主义刺激政策的轰炸："这个国家所需要的，是设法加速复苏和回到健康增长，降低失业水平，增加所有人的可支配收入，促进资本形成和提升全民福利，确保国家安定和民主党在民调中的胜利。"① 1964～1969年，处于收入分布第95百分位家庭的实际收入平均增长4.2%，处于第80、60和40百分位的家庭相应数字分别为4.3%、4.3%和4.5%，最穷20%家庭则高达5.6%。

失业和增长对贫穷家庭和中产家庭收入增长的影响，远大于对邻近收入分布顶层家庭的影响。增长型宏观经济政策（失业率更低＋经济增速更高）给低收入家庭带来的好处比邻近顶层者大得多。

但是，货币政策与收入分配之间的互动程度并不高。如图4－13所示，20世纪60年代后期以来，美国的货币政策经历过趋紧和宽松阶段②，均未能显著改变收入分配差距持续扩大的大趋势。

（三）货币政策通过影响银行信贷，可能有助于缓解分配差距

主要得益于金融市场尤其是消费信贷的发达，美国居民的消费差距低于收入差距。货币政策或许难以直接调整收入分配差距，却可以治理不平等所致的不良后果。鉴于家庭分配差距肯定会导致消费等支出方面的差距③，后者可以通过宽松货币政策来熨平。因此，在美国，消费差距虽然也在上升，但幅度低于收入分配差距的扩大程度④。

自20世纪80年代以来，宽松信贷一直是最有吸引力的收入分配差距缓解方式。宽松的货币政策推动信贷扩张，让收入停滞者同高收入者一样也能

---

① Bartles, Larry, *Unequal democracy: the Political Economy of the New Gilded Age*, Russell Sage Foundation, 2008, p. 24。与保罗·萨缪尔森一起在肯尼迪政府经济政策制定团队的关键成员还有詹姆斯·托宾和罗伯特·索洛，三人后来均获得诺贝尔经济学奖。

② 美国货币政策的中介目标在1950～1969年为短期利率和自由储备，在1970～1987年为M1，在1987～1995年为M2，自1995年以后为联邦基金利率。

③ 从1980年到2011年，美国消费差距高度反映了收入分配的差距。参见Aguiar, Mark A. and Mark B.，"Has Consumption Inequality Mirrored Income Inequality", Working Paper 16807. 2011。

④ Will Wilkinson, "Thinking Clearly About Economic Inequality", Cato Institute 2009. Timothy Noah, "The United States of Inequality, Entry 10: Why We Can't Ignore Growing Income Inequality". See www. slate. com, 16 September 2010. Congressional Budget Office (2012), "Trends in the Distribution of Household Income". 2012.

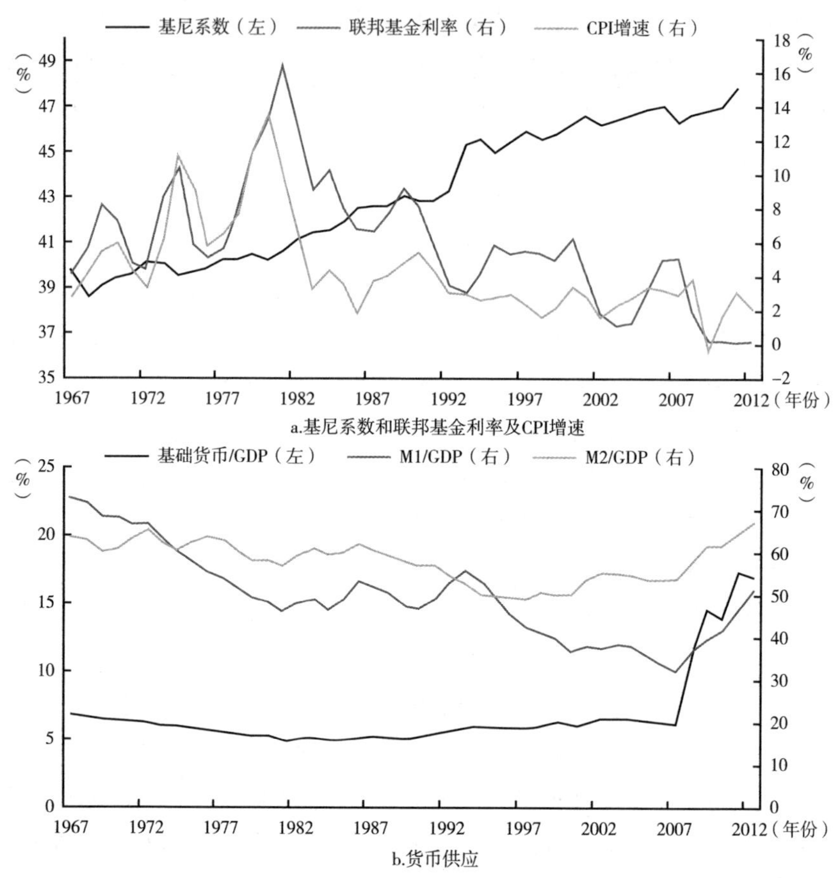

图 4－13　美国居民家庭收入基尼系数和货币供应

资料来源：美国商务部普查局、劳工局；美联储；IMF。

消费得起。宽松信贷收益大，见效快，受益面广[①]，而且成本到未来才需要支付。在政治上，同收入再分配政策相比，宽松信贷政策受到“右”派的关注要少得多，因而成为“一条障碍最少的道路”[②]。

扩大住房贷款，提高住房自有率，成为治理不平等问题的便捷途径，最

① 比如，扩大住房信贷，能够实现多个目标。它可以抬高房价，通过扩大财富效应，推动消费。信贷能够稳定增加相关行业的利润和就业岗位，如金融行业、房地产中介行业和房屋建筑行业。

② Rajan, R., *Fault Lines: How Hidden Fractures Still Threaten the World Economy*, Princeton University Press, 2010.（中文版名为《断层线：全球经济潜在的危机》，中信出版社，2012，第 39 页。）

受政府欢迎[①]。政府推行宽松货币政策，鼓励甚至唆使商业银行向消费者发放支出信贷，比如教育信贷、大宗商品消费信贷和住房信贷。其中，动静最大的是住房信贷。自20世纪90年代以来，“居者有其屋”成了美国梦的最新内容，历届政府为此大做文章，系列举措为低收入者住房建设和贷款市场的繁荣铺平了道路。

应用货币政策来治理住房问题，政府的动机无疑是好的，但一些重要的政策失误导致结果较大地偏离了初衷[②]。在政府资金的支持甚至唆使下，私人部门将经济适用房指令以及建立“居者有其屋”社会的良好初衷演变为一场金融灾难。住房信贷的扩张导致次级贷款和Alt－A贷款规模大幅上升。随着信贷规模的扩张，房屋价格不断上涨，使得家庭的基本收入无法满足还款要求，结果违约率上升。受此影响，依靠政府拨款的公司坏账大幅增长，甚至破产；购房者不得不放弃已经部分付款的房产；政府花费巨额资金救助陷于危机的公司，甚至勾销其债务，最终引爆2008～2009年的金融危机，使这项政策成为“代价最高的再分配方式”。

（四）小结

一方面，分配差距的扩大会降低货币政策的效应。另一方面，货币政策多目标之间的协调难度较大，导致自身同美国收入分配差距变动之间的互动程度较低。货币政策因为同其他宏观治理手段之间协同不够，不仅未能显著缓解收入与财富分配差距的扩大，其催生的宽松信贷甚至成为2008～2009年金融危机的主要推手。

四　美国不同时期金融结构下的货币政策工具选择与传导机制分析

货币政策的中间目标，指的是中央银行在执行货币政策时首先影响的部分，如利率或货币供应量等。央行的政策通过对这些变量的影响，再去间接影响产出、就业、物价和国际收支等最终目标变量。为了表述上的方便，如非特别说明，下文中的货币政策目标和工具，均指货币政策的中间

① Rajan, R., *Fault Lines: How Hidden Fractures Still Threaten the World Economy*, Princeton University Press, 2010.（中文版名为《断层线：全球经济潜在的危机》，中信出版社，2012，第53页。）

② Rajan, R., *Fault Lines: How Hidden Fractures Still Threaten the World Economy*, Princeton University Press, 2010.（中文版名为《断层线：全球经济潜在的危机》，中信出版社，2012，第40～55页。）

目标或工具。

（一）美国不同时期金融结构下货币政策工具选择

1. 20世纪40年代至50年代初通过公开市场操作实现利率目标

1941年美联储为筹措军费，基本采用放松的货币政策。当时的目标工具是维持较低的利率水平，主要通过公开市场操作来完成。这种货币政策选择与当时美国的金融发展水平相关。公开市场操作成为最现实有效的影响工具。

当时3个月的国库券利率为0.375%，长期财政债券利率2.4%。且无论何时，一旦利率上升至高于上述水平，且债券价格出现下跌时，美联储就进行公开市场购买，迫使利率下降。这一政策尽管取得了一些成功，但是当1950年朝鲜战争爆发后，美国国内出现了通货膨胀。1951年3月，美联储和财政部达成“一致协议”，决定取消钉住利率，同时美联储也承诺不让利率急剧上升。

2. 20世纪50~70年代目标变化的货币供应量控制

这段时间，随着美国金融市场的发展，美国货币当局开始寻觅其他的货币政策目标。50年代，美联储采用过的中介目标指标有自由储备金净额、3个月期的国库券利率和货币总量M1，并依此次序来决定指标控制的重要性。结果表明，美联储对前两个指标的控制较好，对货币总量控制能力开始变得薄弱。货币管理上的失灵导致在最初的10年内发生了3次经济危机。

3. 20世纪80年代至2008年利率政策主导的货币政策

这段时期是美国金融市场欣欣向荣的时期，金融总资产快速膨胀，金融机构和金融工具创新频繁。80年代后，美国的金融市场发展特别是对于新兴金融机构的监管放松，导致投资型金融机构逐步上升成为金融市场主体。这类机构往往通过不断创造新的金融衍生品，采用杠杆工具牟利。这也使得它们对于利率非常敏感。与此相适应，美联储将政策选项再度聚焦至利率，但这次利率不是目标，而是作为调控的工具。利率和国债价格则成为一切金融工具的基准变量，利率政策的有效性在这一阶段得到了空前提高。

4. 2008年危机后至今低利率与量化宽松双管齐下

随着美国金融市场的发展，由于美国国债的信用评级高，国债市场的流动性强，国债相关的衍生金融产品丰富，使得美国国债收益率被市场从业者视为无风险的基准利率，并发展成为金融市场上的定价基准。在金融危机的应对中，美联储不仅继续使用了之前被证明有效的利率工具，还对影响长期利率水平的国债进行了大胆的非常规操作——量化宽松和扭曲操作。这些政策工具的目的都是通过回购国债或改变国债期限结构，以增加基础货币供给、注入流动性资金并鼓励借贷行为。

（二）美国不同时期金融结构下的货币政策传导

美国的货币政策主要包括调整法定存款准备金比率、再贴现政策和公开市场操作等三大法宝。尽管到目前为止，美国还没有最终放弃法定存款准备金制度，但美联储基本上不把它当作一项政策工具来使用了。1913 年美联储创立后，贴现窗口放款曾是帮助成员银行应急和执行货币政策的主要工具，即对商业票据进行贴现。通过调整再贴现率，它就能够影响商业银行向美联储借款的成本，从而影响经济中的信贷总量。现在，美联储不再通过再贴现向银行发放贷款了，而是直接向银行提供贷款。公开市场操作成为美联储最主要的货币政策工具。当经济过热、通货膨胀压力增大时，美联储通过公开市场操作，卖出债券来压低债券价格，提高利率水平以抑制过热经济。

货币政策传导机制决定着货币政策的中介目标和操作目标。美国 60 余年的货币政策实践证明，美联储的货币政策传导机制经历了从公开市场操作的货币供应量，到利率调整，最后到利率与非常规货币供应这一过程。相应的，货币政策目标也随之变化。目前美国货币政策主要通过对实际利率产生影响，进而改变企业和个人对商品和服务的需求，最终影响支出、就业和通货膨胀。

图 4－14　美国货币政策工具演变

美联储在不同时期货币政策传导机制的选择，受到当时经济条件的制约，尤其受到当时金融市场条件的制约。20 世纪 80 年代以前，金融市场不发达，金融创新少，因此货币供应量成为最有效的政策工具，利率调节的效应还难以发挥作用。80 年代以后，大量的金融创新和更具有深度、广度的金融市场，既使得货币供应量变得难以控制，也使得金融市场对于利率政策更为敏感。利率调节能够发挥出更大的作用。

基本上，货币政策的每一种传导机制都离不开同时期美国金融结构（金融机构、金融市场以及金融工具等）的支撑，前文已对此做了较为详尽的分析，这里不再展开。其中，利率政策成为最主要的工具选择。利率传导机制有一个重要特点，即它强调影响消费者和厂商决策的是实际利率，此外对支出有主要影响的通常是长期实际利率。这为利用货币政策刺激经济提供了一个重要的传导机制，即使是在通货紧缩时期名义利率水平接近于零的情况下该机制仍然能发挥作用。当名义利率水平接近于零时，对未来扩张性货币政策的承诺会提高预期价格水平和预期通货膨胀率，导致实际利率水平的进一步下降。

汇率水平可以通过货币政策的影响而发生变化，并进一步影响出口与进口表现。只是，随着美元国际安全资产定位的确立，这种影响的方向性常常会受到其他因素的影响。通常而言，扩张性的货币政策下货币贬值，并有效改善经常账户，形成净出口，刺激国外消费和国内生产投资行为。

货币供应量的增加将有助于形成财富效应、改善企业现金流，并通过名义感受的变化增加居民和企业的消费与投资行为。货币供应量等的变化也会引致物价水平的变动，投资与消费者会根据对于未来的物价判断而改变其投资与消费行为，从而达到影响经济方向的最终目标。

在信用学派理论中，认为货币政策可以通过影响银行借贷行为和影响企业资产负债状况来发挥作用。其中银行信贷主要通过影响大中型企业的融资行为来起作用。例如，扩张性货币政策下，银行贷款动力增加，引致企业投资活动增加。在扩张性货币政策下，企业的资产负债改善，增加投资需求。

第三节　美国经济结构对宏观政策协调的动态影响

一　美国生产结构对宏观政策协调的影响

纵观美国的历史，财政、货币政策在不同发展阶段发挥的作用是不同的。在快速工业化时期，美国财政政策逐步建立了较强的经济调控职能，在大萧条时期政府没有放弃财政平衡的理念，但是财政支出对经济复苏起到了重要的刺激作用，政府在基础设施方面的投资力度较大，当时政府对货币政策的扩张保持谨慎态度，在衰退初期比较谨慎地放松货币，在出现通货膨胀时则迅速收紧。在进入平稳工业化时期之后，政府逐渐放弃了平衡财政的理念，补偿性财政的理念得到普遍接受，凯恩斯主义的相机抉择的财政政策被学界和政府认为是解决失业问题的灵丹妙药。在进入信息化时代之后，相机抉择财政政策对于宏观调控的作用逐渐削弱，财政政策自动稳定器（如所得税、政府转移支付）的作用增强，货币政策因为决策时间短、作用广泛而日益成为宏观调控的主要工具。

二　美国需求结构对宏观政策协调的影响

财政政策、货币政策的有效选择以及两大政策手段之间的协调配合是现代市场经济运行的必要条件。从类型来看，财政政策和货币政策一般都可分为松（扩张、积极）的、中性（稳健）的和紧（紧缩）的三种政策。

需求结构对于美国财政和货币政策协调的影响也是通过两个渠道实现的。其一是影响财政和货币政策目标，促使这两项政策将需求结构的优化作为目标之一，并且会有一个明晰的分工。其二是不同的需求结构影响财政和货币政策工具的传导机制进而影响政策效果，这会影响财政和货币政策工具的选择，两者协调使用是政策组合的选择。

美国在不同时期的财政与货币政策选择及其相互协调体现了美国需求结构的优化要求以及需求结构对政策传导机制影响的考虑。根据以上对美国财政和货币政策发展历程的回顾，将财政和货币两方面政策选择结合起来，显然在政策目标上具有一致性，说明两项政策相互协调共同推动经济增长、充分就业以及物价稳定，实现宏观经济的健康发展。

美国的需求结构还会影响财政和货币政策的搭配选择，例如面对经济低迷，可以同时选择宽松的货币政策和宽松的财政政策，但也有可能会根据现实情况选择宽松的财政政策和稳健的货币政策；而如果经济出现一方面陷入低迷，另一方面却又有输入性通货膨胀的局面，则适宜选择积极宽松的财政政策和紧缩的货币政策。另外，当一国的需求结构状况决定了财政政策传导效果好但货币政策传导效果差时，就应该多使用财政政策工具而少使用货币政策工具。

美国财政和货币政策根据实际政策效果和需求结构状况有大致的明确分工，即财政政策目标更多针对经济增长和充分就业，钉住的是 GDP；而货币政策目标更多指向物价稳定，钉住的是 CPI。当然在不同的经济形式下，两者也会相互协调并共同合作，例如在全球金融危机时期，面对失业，不仅采取了积极的财政政策，也配合使用宽松的货币政策，并且两项政策的具体工具根据国民经济需求结构的情形进行选择。对于美国来说，存在消费过度而储蓄及投资和出口相对不足的情况，因而金融危机时期的财政政策较多针对投资和出口。

经济政策需要不断调整以适应各种不同阶段的经济结构。经济结构是长期经济问题，以财政政策和货币政策为代表的宏观经济治理则偏重的是短期经济稳定目标。长期的经济结构通过传导机制影响短期的财政政策和货币政策的有效性，也决定了有效的财政政策和货币政策的工具选择。

三　美国收入与财富分配对宏观政策协调的影响

在美联储 1913 年成立之前，美国尚谈不上财政政策与货币政策之间的协调，联邦政府只能依靠财政政策来治理收入与财富分配问题。

在应对 1929 年大萧条的过程中，财政政策与货币政策已开始有效协调。在罗斯福当政的绝大多数时候，马里纳・埃克尔斯都是美联储的主席，同罗斯福总统关系密切，可以对所有事情自由地提出自己的建议、意见和评论，在任何事情上对总统而言都是最权威的人士①。

美国财政部和联邦储备系统 1951 年达成协议，大大增加了货币政策和财政政策协调一致的可能性。不过，二战以来，美国的宏观经济治理经历显示，财政政策与货币政策协调一致，以缩小收入与财富分配差距的案例很少。毕竟，在美国宏观治理中，经济增长与充分就业、内外平衡（包括财政与国际收支的平衡）和扼制通货膨胀正式列为目标，缩小分配差距与这些目标相比，重要性就要低得多了。当缩小收入分配差距上升到经济社会发展议程中的中心位置，使经济增长成为宏观治理优先目标甚至核心目标时，财政政策和货币政策的协调在客观上是必要的，在理论上也具有很大的可能性。

与 19 世纪后期、1916 年和 1929 年相比，当前美国收入分配的差距几乎也处于历史的最高点，而且均面临经济复苏问题。因此，财政政策与货币政策协调配合，以恢复增长和增加就业为主要目标，同时也能在一定程度上治理严重的分配差距问题。

2008 年以来，美国政府推出了系列救市举措，包括增加支出，减税，增加

---

① Stein, Herbert, *The Fiscal Revolution in American: Policy in Persuit of Reality*, 2nd edition, 1996。（中文版名为《美国的财政政策——应对现实的策略》，上海财经大学出版社，2009，第 40 页。）

转移支付，加强社会安全网建设[①]；美国联邦储备委员会持续推出各种形式的宽松货币政策，包括降低联邦基金利率至0～0.25%、扩大资产购买规模（QE系列）、调整货币政策目标等。除了最富裕的20%人群外，美国其余人口都是这些政策的主要获益者。其中，最穷的60%人口在总收入中的份额由1999～2007年的下降变为上升，而最富20%人口的收入占比则由上升转为下降[②]。

显然，财政政策与货币政策的配合十分有利于缩小收入与财富分配差距。由于分配差距通常只是作为社会问题来治理，要成功列入经济治理目标序列，恐怕需要经济学理论先取得巨大进步，除非分配问题十分严重，比如达到甚至超过1929年大萧条时的情境。

四　美国金融结构对宏观经济政策的影响

（一）过度金融化给宏观政策协调带来的困扰

"过度金融化"助长经济波动，隐藏了产业层面的问题。美国金融行业已经变得过于庞大和复杂，并呈现过度金融化的各种症状。"过度金融化"带来的最重要问题是降低了整体经济的稳定性。金融的顺周期性加剧了经济波动的幅度，金融的内在不稳定性和投机偏好缩短了经济周期，详见第三节的分析。

对于混业经营的宽容和放任，已经改变了很多实体经济产业部门的经济表现。以汽车行业为例，随着美国汽车企业国内市场份额的萎缩，三大汽车企业的主营业务利润主要来自其金融服务部门。这些企业不仅推出了纷繁复杂的购车信贷金融业务，还建立了庞大的金融服务公司，在提供购车信贷时也不断拓展其他金融衍生品业务。零首付、零利率的融资政策把未来的消费需求贴现到当前，夸大了当前市场的实际需求，由此导致的结果是产能的急速扩张乃至过剩。当经济衰退导致消费市场萎缩时，过剩的产能成为企业沉重的负担。这一教训值得中国汲取。

（二）金融结构对宏观经济政策选择的影响

美国的金融监管政策对美国的金融机构和金融工具起着直接导向作用，

① American Recovery and Reinvestment Act, ARRA, 2009; Tax Relief, Unemployment Insurance Reauthorization, and Job Creation Act, TRUIRJCA, 2010; the American Jobs Act, 2011.

② Ajit Zacharias, Thomas Masterson and Kijong Kim, "Who Gains From PresidentObama's Stimulus Package…And How Much?", The Levy Economics Institute of Bard College, Special Report, June 12, 2009.

资源会自觉向着监管较松的领域倾斜，如主导机构类型从传统的存款类金融机构逐步转变为投资型金融机构。这种变化导致短期的政策调控工具也随之发生变化，从早期的公开市场操作——控制货币量，到后来的利率工具为主。但是，利率调整存在极限，名义利率降为0后，进一步调整的政策空间也随之消失了。

（三）危机后的政策反思

次贷危机以后，美国政府开始反思金融与经济治理思路。例如在2008年美国总统工作报告中指出，金融为实体经济提供融资服务主要依靠两种手段：股权融资或者债权融资。美国住房市场的融资活动已经远远背离了经济基本面所能承受的地步。尽管美国可以在全球范围内配置资产，但其主要活动领域仍在国内，而且国际货币带来的好处在一个具体的时间点上存在饱和点。因此，如果实体经济发展跟不上金融产品的发展步伐，则股权和债权利益将无法得到保障，并最终引发金融危机。而且，对于高度金融化的国家金融危机破坏力更大。

第四节　小结

从生产结构讲，随着美国产业结构当中服务业比重的提高，宏观经济的稳定性有所增强，财政政策（如所得税）自动稳定器作用有所增强，相机抉择的财政支出政策在短期宏观调控中的职能有所弱化，财政政策更加关注解决中长期社会问题和结构问题。产业结构的演化使得美国的经济增长源泉更加依靠技术进步和效率提高，因此财政投资也更加倾向于相关“软实力”的提高，对硬件的投入有所下降。

随着美国服务业比重的提高，上下游之间的价格传导机制有所弱化，产业结构演化使得非熟练工人的失业率较高，工资增长缓慢，从而有利于形成长期低通货膨胀环境，因此货币政策的空间有所增大。随着金融体系的完善和金融市场的深化，利率信号会广泛影响到经济运行的各个方面，货币政策在宏观调控中的作用会进一步的加强。

美国需求结构对财政和货币政策的影响渠道主要有两条：一是需求结构存在的问题或者诉求会成为财政和货币政策的政策目标之一，影响政策目标；二是需求结构会影响财政和货币政策工具传导机制从而影响政策效果。

经济结构是长期经济问题，以财政政策和货币政策为代表的宏观经济治理是短期经济稳定目标。长期的经济结构通过传导机制影响短期的财政政策和货币政策的有效性，决定了有效的财政政策和货币政策的工具选择。

收入与财富分配差距越大，对经济长期增长的阻碍就越大，税收收入增长就会越缓慢。此外，过大的分配差距，会缩小财政政策的乘数效应①，影响财政政策的有效性；会导致政治和社会的不稳定，会增加政治与社会压力，降低其应对外部冲击的有效性，会增加财政支出，给当政者带来很大压力。

收入与财富分配不平等，虽从未列入货币政策的目标序列，但近年来开始受到中央银行的关注。货币政策如果以经济稳定（如控制通货膨胀）或促进增长为目标，有助于缓解分配差距；如果发生严重通胀，就难以达到抑制分配差距恶化的效果。货币政策在治理不平等所致不良后果方面有一定的正面作用（比如通过消费信贷平抑家庭消费差距，通过助学贷款平抑人力资本差距），但也有过惨痛教训（比如住房贷款过度导致次贷危机）。

美国的金融结构决定了其货币政策工具的选择，影响着货币政策传导机制。由于不同政策工具的实施效率差异，美国的货币政策工具从开始的货币供应量控制，逐步转为对基准利率的管理。美国金融市场的不断深化，也为财政融资提供了更为广阔的平台，保障了其财政政策的实施空间。美国金融的快速发展与金融监管不足，导致美国金融发展有过度化倾向。这种过度化，不仅表现为金融的不稳定性会增大宏观风险，而且也使实体经济发展受到挤压或产能过剩。由于已经透支了财政和货币政策，当代的美国宏观经济政策只能依靠如量化宽松和扭曲操作等非常规手段来压低长期利率，保障低成本融资，解决流动性陷阱问题。

---

① Samanta Subarna K. & J. Georg Cerf, "Income distribution and the effectiveness of Fiscal Policy", *Journal of Economics and Business*, Vol. XII, No 1, 2009, pp. 29 – 45.

第五章　中国经济结构的演变：与美国的比较

第一节　中国生产结构的演变及同美国的比较

与大多数发达国家的发展历程的一样，中国的农业比重已经有显著下降；但中国农业部门的劳动生产率提高较慢，规模化、机械化、产业化程度远远不够，这是与美国等发达国家工业化历程的不同之处。20 世纪 90 年代以来，中国的工业部门基本完成了从轻工业向重工业的转型，纺织、服装、鞋帽等劳动密集型轻工业的比重和相对劳动生产率已经有显著下降，而汽车、机械等资本密集型行业成为主要的增长动力，中国仍然处于工业化的中后期。与美国等发达国家相比，中国服务业的比重整体偏低，传统服务业仍然占较大比重，现代服务业发展尤为滞后，这将是中国未来经济增长和产业结构提升的主要空间。

一　中国三次产业结构的演化

（一）第二产业仍然是中国的主导产业

改革开放初期（1981～1984 年）第一产业取得了较快的增长，增速达到 7.0%～12.9%，其增速甚至超过了同期第二产业的增长速度，当时农村联产承包责任制改革极大地激发了农民生产积极性，释放了生产力；在这种短期的制度改革带来的激励逐渐消退之后，第一产业的增长率恢复到常态，在之后的 30 多年里的平均增长速度为 4%，除了 1990 年和 2004 年这两年的增长速度达到 7.3% 和 6.3% 之外，其他年份的增长率均相对较低，在很多年份甚至出现 2%～3% 的低增长。

与第一产业的低增长速度形成鲜明对比的是，第二产业、第三产业出现持续高增长。1980～2014 年第二产业、第三产业的平均增长率分别为 11.3% 和 10.7%。其中在 1991～1996 年 6 年间，第二产业的增长速度分别为 13.9%、21.2%、19.9%、18.4%、13.9% 和 12.1%，在这个经济上涨周期中第二产业是主导。

改革开放以来第一产业的增长速度总体上低于第二、三产业，因此农业在国内生产总值中的比重持续下降，从 1981 年的 31.9% 逐步下降到 2014 年的 9.2%，中国基本上结束了农业国的地位，开始工业化、城镇化的进程；第二产业仍然构成中国国内生产总值的主体部分，1981 年该比重为 46.1%，2011 年该比重仍然为 46.6%，其主体角色基本未变，随着中国刘易斯拐点的接近以及劳动力工资的提升，2012～2014 年该比重略有下降，平均值降为 43.9%；第三产业的比重从 1981 年的 22.0% 上升到 2008 年的 41.3%，上升速度比较快，2008 年国际金融危机之后第三产业比重略有提速，2013 年是标志性年份，第三产业比重首次超过第二产业。

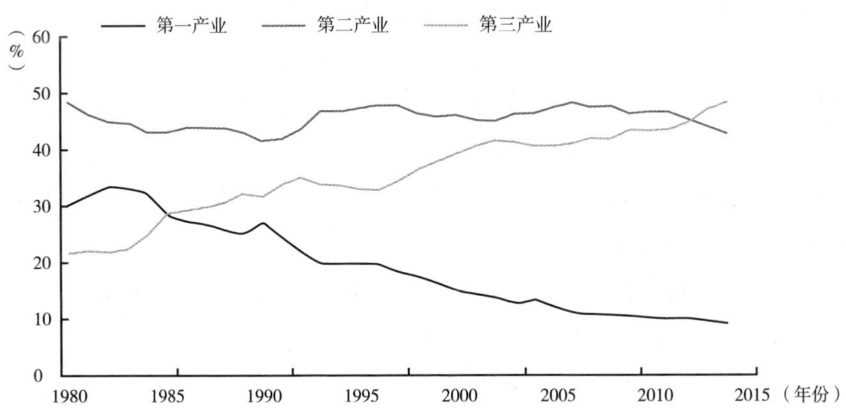

图 5－1　中国三次产业结构

资料来源：中经网数据库。

（二）中国第一产业就业转移即城镇化的空间仍然很大

伴随着中国快速的城镇化进程，第一产业的就业人数比重也在迅速降低，从 1980 年的 68.7% 逐步下降到 2013 的 31.4%，累计下降 37.3 个百分点。按照国际标准来看，中国的劳动力从第一产业向第二、三产业转移的空间（城镇化）仍然很大。

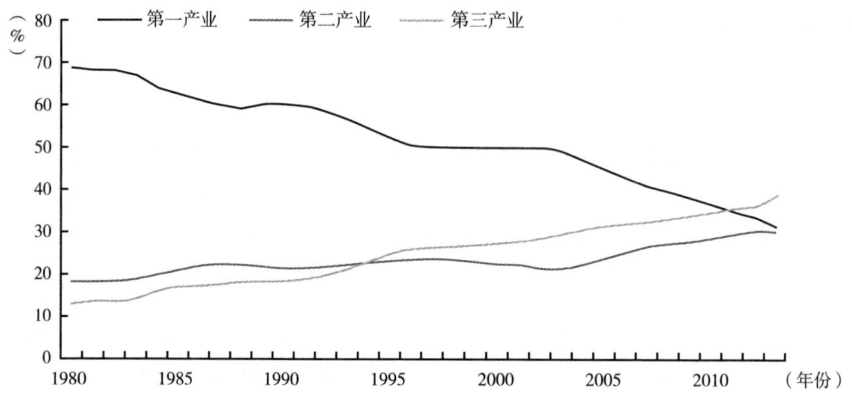

图 5－2　中国三次产业的就业比重

资料来源：《中国统计年鉴 2014》。

第二产业就业比重保持了缓慢上升态势，在 20 世纪 90 年代末因为国有企业改革、下岗分流等政策的影响，第二产业比重出现轻微的下降，但是随后很快开始上升，第二产业的就业比重已经从 1980 年的 18.2% 上升到 30.1%；第三产业就业比重出现持续上升，从 1980 年的 13.1% 逐步上升到 2013 年的 38.5%，成为就业比重最大的产业，因此以服务业为主体的第三产业成为吸纳就业最重要的渠道。

（三）中国第二产业劳动产出率较高，农业劳动产出率增长缓慢

各个产业之间的技术进步速度不同，而且各个产业之间的资本密集度也会有差异，因此各个产业的劳动生产率会有差异，通过比较这种差异，可以分析劳动在不同产业之间的回报率，从而更好地理解产业结构的演化。

图 5－3 根据用各个产业的 GDP（2005 年不变价）除以各个产业对应的就业人数，计算了各个产业的劳动生产率。可以看出各个产业的劳动生产率始终存在巨大差异，1981 年第一、二、三产业的人均产出分别为 2396、7725、9833 元，三者的人均产出的比例为1.0∶3.2∶4.1，第一产业与其他产业之间存在巨大差异，其中第三产业的人均产出最高；从

20 世纪 90 年代初开始，第二产业的人均产出开始超过第三产业；到 2013 年三者的比例为1.0∶6.5∶4.3，第二产业成为劳动生产率最高的部门，但第一产业与其他产业劳动生产率的差异不仅没有缩小，反而有所扩大。

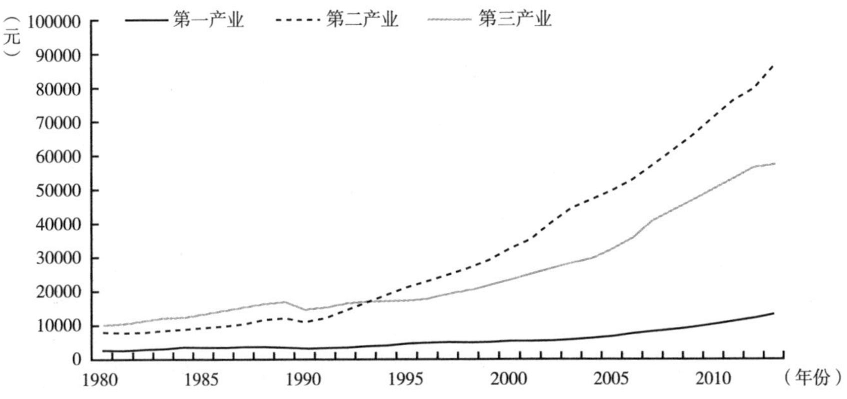

图 5－3　中国三次产业的劳动产出率（2005 年不变价）

资料来源：根据《中国统计年鉴 2014》整理。

通过人均产出的比较可以看出，中国的第二产业成为资本深化和技术进步最快的产业部门，这印证了中国正处于工业化加速阶段的判断。第三产业的劳动生产率提高速度也比较快，第一产业即农业的劳动生产率虽然有所提高，但速度是较为缓慢的，考虑到大量的剩余劳动力已经转移到第二、三产业，第一产业劳动生产率的低增速更值得思考。

二　中国工业内部结构的演化、劳动产出率以及中美比较

上文的分类口径过于粗略，有必要利用现有统计资料，进行更深入、细致的分析。本文首先讨论工业，然后讨论服务业。

（一）中国工业的重工业比重上升，轻工业比重下降

本文利用总产值数据，分析中国工业结构的演化过程。按照发达国家的历史经验，工业重型化是工业化后期的典型特征。而从 20 世纪 90 年代以来，中国也出现了较明显的工业结构重型化。表 5－1 对于比重下降的典型行业采用斜体标出；对于比重上升的行业采用黑体标出。

表 5-1 中国工业行业产值结构的变化

单位：%

行业 \ 时间	1992~1995 年	1996~2000 年	2001~2005 年	2006~2011 年
煤炭开采和洗选业	2.11	1.93	1.85	2.84
石油和天然气开采业	2.47	2.91	2.59	1.82
有色金属矿采选业	0.52	0.52	0.43	0.55
农副食品加工	3.69	5.09	4.29	4.74
食品制造业	*2.76*	*1.79*	*1.65*	*1.58*
饮料制造业	*2.01*	*2.26*	*1.63*	*1.30*
烟草制品业	*2.00*	*1.89*	*1.58*	*0.90*
纺织业	*9.34*	*6.64*	*5.53*	*4.30*
服装、鞋、帽制造业	*2.00*	*2.80*	*2.43*	*1.83*
皮革、毛皮、羽毛及其制品业	*1.51*	*1.70*	*1.56*	*1.18*
造纸及纸制品业工业	1.66	1.86	1.80	1.52
石油加工、炼焦及核燃料加工业	2.75	3.92	4.57	4.35
化学原料及化学制品制造业	6.50	6.87	6.53	6.76
医药制造业工业	1.81	1.97	2.00	1.65
化学纤维制造业	1.30	1.31	1.03	0.84
非金属矿物制品业	5.58	5.00	3.99	4.26
黑色金属冶炼	8.05	5.70	6.85	7.99
金属制品业	3.12	3.06	2.82	2.84
通用设备制造业	**3.48**	**3.89**	**3.93**	**4.77**
专用设备制造业	3.09	2.86	2.53	2.87
交通运输设备制造业	**6.08**	**6.19**	**7.11**	**7.13**
电气机械及器材制造业	**4.59**	**5.27**	**5.59**	**6.02**
通信设备、计算机及电子设备	**3.78**	**6.93**	**10.37**	**8.72**
仪器仪表及文化、办公用机械制造	0.80	0.95	1.06	0.99
电力、热力的生产和供应业	3.92	5.11	5.63	6.13
水的生产和供应业	0.30	0.40	0.31	0.18

注：为节约篇幅，本文未将 39 个工业行业全部列出。

资料来源：中经网统计数据库。

食品制造业、饮料制造业、烟草制造业、纺织业、服装鞋帽业、皮革制品业等典型的轻工业的比重出现了持续性下降，上述 6 个行业的比重从 20 世纪 90 年代初的 19.6% 下降到了 2006~2011 年的 11.1%，其中纺织业下降最为明显，从 9.3% 下降到 4.3%。

与这些轻工业下降出现鲜明对比的是，部分重工业行业的比重开始显著上升，如通用设备制造业比重从3.5%上升到4.8%，交通设备制造业从6.1%上升到7.1%，电气器械制造业从4.6%上升到6.0%，通信设备及电子产品制造业从3.8%上升到8.7%。采矿业、金属冶炼业、石油加工业等行业的比重有比较大的波动，说明大宗商品价格会经常影响其产值比重。

综合来看，在中国的工业行业中，劳动密集型的轻工业比重有所下降，资本密集型、资源密集型的重工业、重化工业比重有所上升。

在计划经济时期，中国工业行业的重工业比重曾经较高，但是这种结构是失调的，是国家政策导致的，轻工业的薄弱曾经严重影响人民生活的需求。改革开放之后，国家开始调整轻重工业的关系，鼓励发展轻工业，轻工业一度取得长足的发展。而在20世纪末、新世纪初，重工业的比重再次提高，这是经济发展的必然规律，反映了中国比较优势以及在国际分工体系中地位的变化。

（二）重工业劳动生产率提高较快，轻工业增长缓慢

产值结构和就业结构的结合得出更有价值的信息，本文用每个行业的产值比重除以就业比重，计算每个工业行业的相对劳动生产率。因为就业数据从2005年开始，时间序列较短，本文假设这种相对劳动生产率在短期内变化不大，为节约篇幅，只报告2005～2011年的平均值。

在中国工业行业中，相对劳动生产率较高的行业包括石油加工、金属冶炼、烟草制造、电力供应、石油天然气开采，等等，这些行业有些资本或资源投入较大，因此劳动生产率较高；而有的行业则带有垄断性质（如烟草制造、电力行业），垄断地位带来较高的市场回报。这说明经过30多年的市场化改革之后，制造业的市场竞争性大大增强，但是部分工业行业的去管制化问题仍然没有得到解决。

20世纪90年代以来，中国工业结构开始从轻工业向重工业转化。典型的重工业如交通运输设备制造业、电气机械制造业的劳动生产率略高于平均水平（高于1），而通用设备制造业、专用设备制造业等重工业的劳动生产率则略低于平均水平。而部分轻工业如木材加工、纺织业、皮革、服装鞋帽业的相对劳动生产率已经显著低于平均水平。

美国从20世纪70年代以来经历了长期的去工业化进程，制造业的产出比重和就业比重持续下降，但是美国保持了制造业的核心竞争力，劳动产出率因为技术进步而不断提高；中国的工业部门占总产出的比重相对稳定，劳

动产出率也出现显著提高，成为整个国民经济的主导产业，但是中国仍然处于重工业阶段，与美国处于不同的发展阶段。

表 5－2　中国工业企业分行业相对劳动生产率（2005～2011 年均值）

序号	行业	相对劳动生产率	序号	行业	相对劳动生产率
1	石油加工、炼焦及加工业	4.35	21	食品制造业	0.87
2	烟草制品业	3.89	22	通用设备制造业	0.87
3	黑色金属冶炼	2.13	23	专用设备制造业	0.83
4	有色金属冶炼	2.00	24	金属制品业	0.81
5	电力、热力的生产和供应业	1.98	25	橡胶制品业	0.78
6	废弃资源和废旧材料回收	1.83	26	仪器仪表及办公用机械制造	0.76
7	化学纤维制造业	1.61	27	非金属矿物制品业	0.73
8	石油和天然气开采业	1.58	28	塑料制品业	0.70
9	燃气生产和供应业	1.40	29	木材加工	0.67
10	化学原料及化学制品制造业	1.37	30	非金属矿采选业	0.63
11	农副食品加工	1.30	31	纺织业	0.59
12	交通运输设备制造业	1.27	32	印刷业和记录媒介的复制	0.58
13	通信、计算机及电子设备	1.22	33	家具制造业工业	0.53
14	电气机械及器材制造业	1.01	34	工艺品及其他制造业	0.51
15	黑色金属矿采选业	0.98	35	煤炭开采和洗选业	0.47
16	饮料制造业	0.97	36	皮革、毛皮、羽毛及制品	0.39
17	其他采矿业	0.97	37	服装、鞋、帽制造业	0.37
18	医药制造业工业	0.92	38	水的生产和供应业	0.36
19	造纸及纸制品业工业	0.89	39	文教体育用品制造业	0.34
20	有色金属矿采选业	0.88			

注：本表用各行业的劳动产出率除以工业部门整体的劳动产出率，没有量纲。
资料来源：根据中经网统计数据库数据计算。

三　中国服务业结构的演化、劳动产出率以及中美比较

（一）中国第三产业仍然以传统服务业为主

改革开放初期，中国服务业比较薄弱，其统计分类也比较粗略。但是观察长期波动趋势能够更清楚地分析中国第三产业的发展历程。

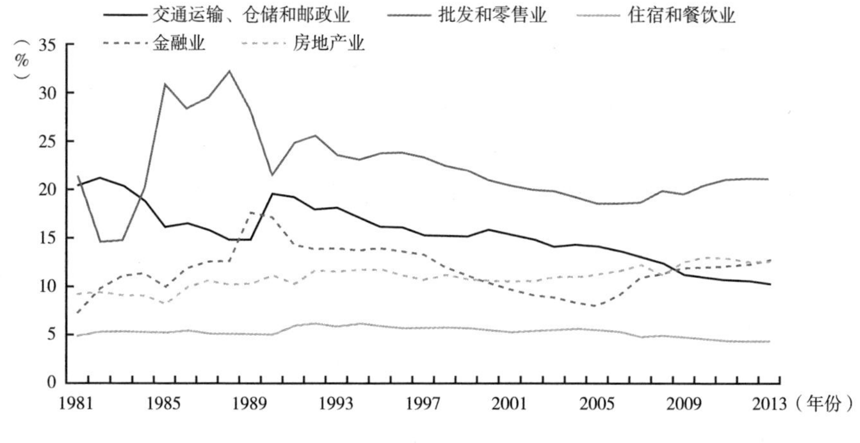

图 5－4　中国第三产业的增加值结构

资料来源：《中国统计年鉴 2014》。

从图 5－4 可以看出，批发零售业、交通运输仓储业等传统服务业是中国第三产业中最重要的产业。其中批发零售业在 20 世纪 80 年代中后期取得飞速发展，这与当时商业企业的改革、转型有很大关系；在 20 世纪 90 年代批发零售业的比重有所降低，但是进入 21 世纪之后比重又有所提高，2013 年批发零售业占第三产业增加值的 21.2%；从 20 世纪 90 年代开始，交通运输业占第三产业的增加值比重有所下降，但是截止到 2013 年仍保持 10.4% 的比重，在第三产业中仍有重要地位；住宿餐饮业是重要的生活性服务业，该行业占第三产业的比重相对稳定，保持在 5.4% 左右。

金融业属于现代服务业，中国的金融业在 20 世纪 80 年代末达到第三产业增加值的峰值，之后有所下降；从 2005 年开始，随着中国金融体制改革的深化，商业银行陆续上市，经营业绩有所好转，金融业产出比重又有所上升，截止到 2013 年其比重为 12.8%。房地产业占第三产业的比重表现为震荡上升，从 20 世纪 80 年代初的 9.1% 上升到 2013 年的 12.7%。

如果不考虑其他行业，仅将交通运输业、批发零售业、住宿餐饮业归为传统服务业，可以看出其在整体服务业中的比重有所下降，如 1988 年传统服务业占服务业增加值的 52.5%，超过半壁江山，说明当时中国刚刚启动计划经济的体制改革，传统服务业仍然是主体；到 2000 年比重下降到 42.5%，到 2013 年则进一步下降到 36.0%。这种下降趋势是一种必然的经济规律，但是中国传统服务业的比重与其他发达国家相比，仍然偏高。

(二)中国现代服务业劳动产出率不高，并且存在行业垄断问题

表5－3利用细分行业的增加值和就业数据对第三产业的结构进行进一步剖析。该数据将第三产业细分为14个行业。

表5－3 中国第三产业增加值比重与相对劳动产出率

单位：%

行业	年份/行业	2006	2007	2008	2009	2010	2011	2012	均值
行业增加值比重	批发和零售业	18.3	18.8	19.9	19.6	20.6	21.2	21.3	19.9
	房地产业	11.4	12.4	11.2	12.6	13.1	13.1	12.7	12.4
	交通运输、仓储和邮政业	14.7	13.1	12.5	11.3	11.0	10.9	10.6	12.0
	金融业	10.0	11.1	11.3	12.0	12.1	12.2	12.4	11.6
	公共管理和社会组织	9.0	9.7	10.5	10.2	9.3	8.8	8.7	9.5
	教育	7.3	6.9	6.8	7.1	6.9	7.0	7.0	7.0
	信息传输、计算机服务和软件业	6.3	6.0	6.0	5.5	5.1	4.8	4.7	5.5
	住宿和餐饮业	5.7	5.0	5.0	4.8	4.6	4.5	4.5	4.9
	租赁和商务服务业	3.9	4.2	4.3	4.2	4.5	4.6	4.7	4.3
	居民服务和其他服务业	4.2	3.6	3.5	3.6	3.5	3.5	3.5	3.6
	卫生、社会保障和社会福利业	3.8	3.6	3.5	3.4	3.4	3.7	3.9	3.6
	科学研究、技术服务和地质勘查	2.8	3.1	3.0	3.2	3.2	3.4	3.6	3.2
	文化、体育和娱乐业	1.6	1.5	1.5	1.5	1.4	1.5	1.5	1.5
	水利、环境和公共设施管理业	1.1	1.0	1.0	1.0	1.0	1.0	1.0	1.0
相对劳动产出率	房地产业	4.5	4.7	4.2	4.4	4.3	3.8	3.5	4.2
	居民服务和其他服务业	4.5	3.9	4.0	4.0	4.0	4.3	4.3	4.2
	批发和零售业	2.2	2.3	2.5	2.5	2.7	2.4	2.3	2.4
	信息传输、计算机服务和软件业	2.8	2.5	2.4	2.1	1.9	1.6	1.6	2.1
	金融业	1.7	1.8	1.7	1.8	1.8	1.8	1.8	1.8
	住宿和餐饮业	1.9	1.7	1.7	1.6	1.5	1.3	1.3	1.6
	交通运输、仓储和邮政业	1.5	1.3	1.3	1.2	1.2	1.2	1.2	1.3
	租赁和商务服务业	1.0	1.1	1.0	1.0	1.0	1.2	1.2	1.1
	科学研究、技术服务和地质勘查	0.7	0.8	0.8	0.8	0.8	0.8	0.8	0.8
	文化、体育和娱乐业	0.8	0.7	0.7	0.8	0.8	0.8	0.8	0.8
	公共管理和社会组织	0.4	0.5	0.5	0.5	0.5	0.4	0.4	0.5
	卫生、社会保障和社会福利业	0.4	0.4	0.4	0.4	0.4	0.4	0.4	0.4
	水利、环境和公共设施管理业	0.4	0.3	0.3	0.3	0.3	0.3	0.3	0.3
	教育	0.3	0.3	0.3	0.3	0.3	0.3	0.3	0.3

资料来源：根据《中国统计年鉴2012》整理。

从增加值比重的行业横向来看（表 5－3 上半部分），截止到 2012 年中国第三产业中增加值比重最高的 4 个行业分别为批发和零售业、房地产业、交通运输仓储业和金融业，比重分别为 19.9%、12.4%、12.0%、11.6%，批发零售业的比重非常之高，是服务业中的重点行业。

用第三产业各行业的增加值比重除以其就业比重，得到各行业的相对劳动产出率（表 5－3 下半部分）。可以看出中国的服务业发展与美国有较大区别，中国房地产业的劳动产出率较高，这充分反映了过去中国房地产业的高度繁荣；批发和零售业的劳动产出率相对较高，这种生活性服务业在中国仍然非常重要；商务服务业、科研、教育、医疗等服务业的劳动产出率较低，这充分说明了中国生产性服务业的发展滞后，而这些行业在相当程度上存在垄断问题。在美国的服务业当中，教育、医疗占的比重非常之大，而且劳动生产率很高，在经济中的作用非常重要；而且美国的科技、商务服务业的劳动生产率也非常高，说明美国在科技领域比中国有明显的领先优势。

总之，中国的农业比重有所下降，但是农业生产效率提高较慢，农业现代化的任务仍然没有完成；工业中的轻工业比重已经有所下降，重工业的地位日益提高，中国仍然处于工业化后期，第三产业的比重刚刚超过第二产业；中国服务业中的房地产业和生活性服务业较为发达，但生产性服务业发展仍然滞后。

第二节　中国需求结构的演变及同美国的比较

一　中国需求结构的演变

（一）中国的消费结构存在不平衡性

中国的消费支出整体上在逐步增长，从 20 世纪 90 年代开始进入加速增长阶段，21 世纪开始，仍然保持较快增长势头。按照消费主体划分，中国的消费结构中居民消费占据主体地位，其增长和变动趋势与政府消费更加趋同。从时间动态变化看，居民消费支出和政府消费支出的差距在不断增加，且从 1995 年左右开始这一差距快速增长（见图 5－5）。进一步细分居民消费的结构，城镇居民消费支出远多于农村居民消费，占据居民消费的主体地位。且两者的差距从 20 世纪 90 年代开始呈现快速扩大的趋势。

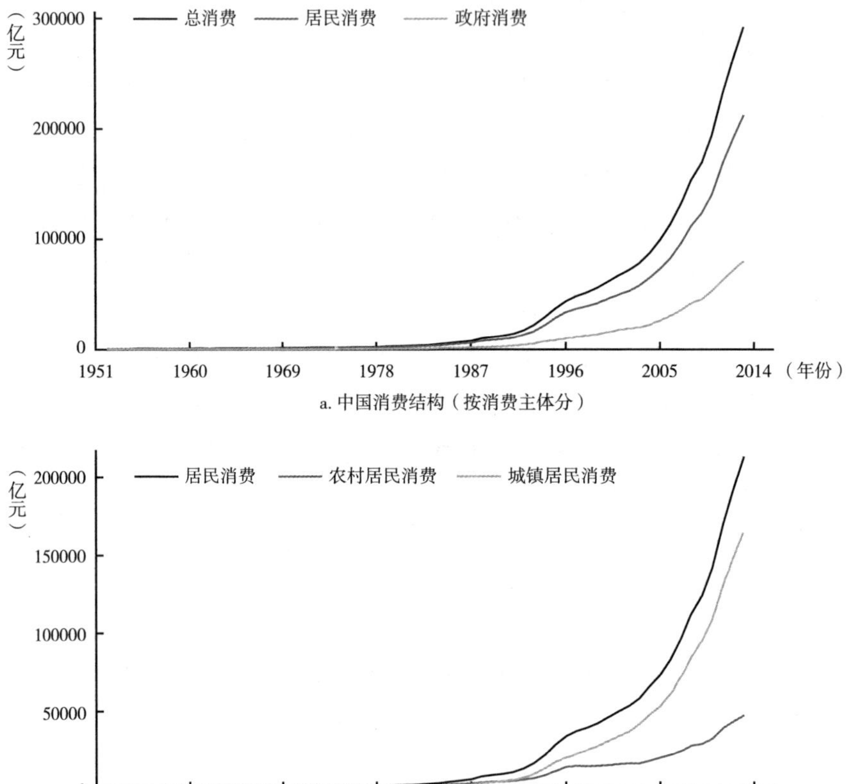

a. 中国消费结构（按消费主体分）

b. 中国居民消费结构

图 5－5　按消费主体划分的中国消费结构

资料来源：相关年份《中国统计年鉴》。

总体上，中国消费支出不断增加，尤其是进入 21 世纪以来，消费呈现了快速增长的势头。消费主体结构上，居民消费支出远大于政府消费，且两者的差距随着时间推移不断增加；进一步细分居民消费，城镇居民消费支出远大于农村居民，且两者的差距也随着时间推移而不断增加。消费产品结构上，中国城镇和农村居民消费支出主要集中在食品、居住、医疗保健和交通运输等方面，消费的层次不高；比较而言，城镇居民的消费结构层次要高于农村居民。从现实的数据比较结果可以看出，中国消费的层次不高，基本停留在基本需求消费的阶段，同时城镇居民和农村居民的消费层次和差距正在不断扩大；另外，从发展的趋势看，中国消费的层次和结构在不断提升和优化。

（二）中国固定资产投资增长迅速

中国的投资在整体上呈逐年增长的趋势，且从1991年开始进入加速增长阶段，2001年之后的投资增速进一步提高，即使在金融危机时期，投资的增速仍然在提高。从资本形成类型看中国投资的结构，固定资产投资是总投资的主体，其增长趋势与总投资高度一致，且增长速度很快；存货投资增长缓慢，基本较为稳定，占总投资的份额小且份额随着时间推移在不断减小（见图5－6）。

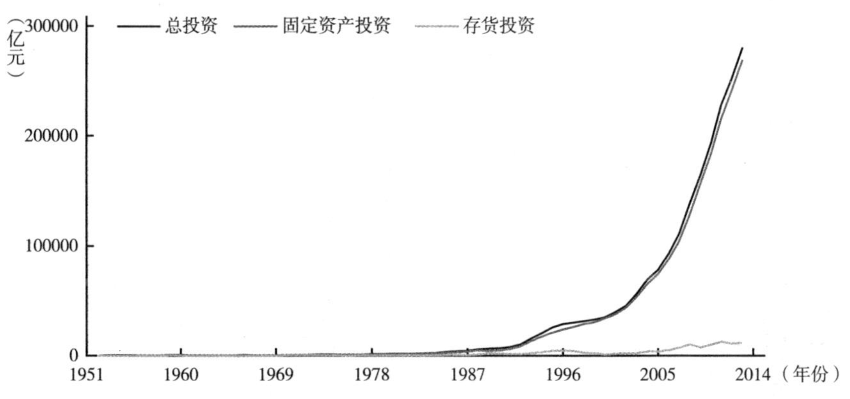

图5－6　中国按资本形成类别划分的投资结构

资料来源：相关年份《中国统计年鉴》。

综上所述，中国投资在不断增长，且增速从20世纪90年代开始增加，2001年以来增长速度进一步提高。固定资产投资占总投资的绝对主体地位且增速较快，而存货投资增长缓慢且所占比重较小。制造业、房地产业、交通运输与仓储和邮政业以及采矿业是主要的投资领域和行业；信息、零售和金融等服务型行业的投资比重在不断增加。中国投资的行业结构在逐步优化，体现了中国产业逐步升级的过程。

（三）中国的出口结构中加工贸易占据“半壁江山”

中国出口整体上稳步增长，且增长速度在2001年中国加入WTO之后快速提升，增速与进口规模相比提高更快，贸易顺差逐年增加。①从贸易方式不同分析出口的结构，可分为一般贸易和加工贸易。中国加工贸易规模自1995年超过一般贸易后，一直处于略多于一般贸易规模的状态，直到2011年一般贸易才略超过加工贸易规模。在1995年之前，中国一般贸易规模大于加工贸易，且一般贸易处于绝对主体地位（见图5－7）；但从20世纪80年代开始，一直到1995年左右，中国加工贸易的增长速度远快于一般贸易。②从贸易类型分析出口的结构，可分为货物贸易和服务贸易。中国货物贸易的规模远大于服务贸易，同时中国是货物贸易大国但却是服务贸易小国；而中国货物贸易的增长速度也远快于服务贸易，两者之间的差距越来越大。③从最粗略的出口产品类型分析出口结构，将出口分为初级产品出口和工业制成品出口。中国工业制成品出口规模远远大于初级产品，且工业制成品出口增速快于初级产品，两者之间的差距随时间推移越来越大。

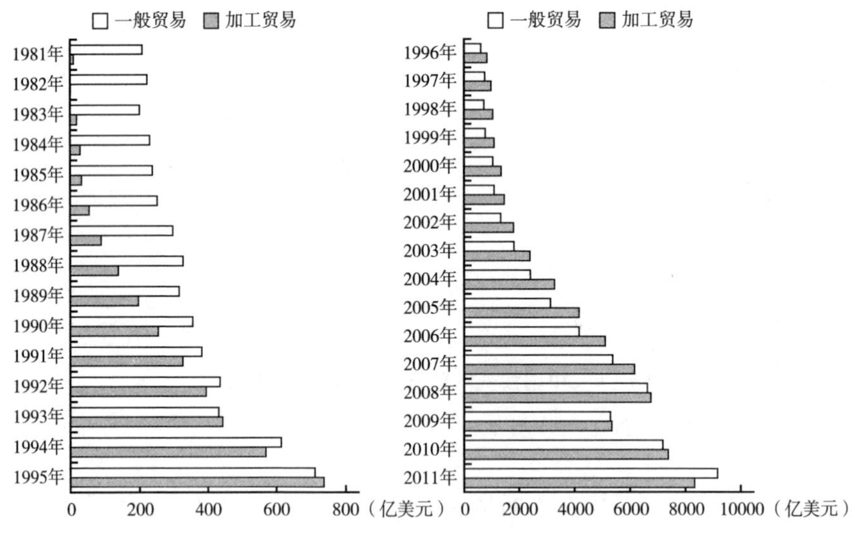

图5－7　中国一般贸易和加工贸易情况

资料来源：相关年份中国统计公报。

（四）中国消费、投资和净出口结构在国民经济中的地位

中国消费、投资和净出口结构中，消费和投资的规模相当，且都大于出口，消费和投资的规模大约是出口的2倍。从三大需求增长率看，都呈现了很快的增长速度，比较而言，投资的增速最大，其次是出口，而消费的增速相对较慢。在三大需求对GDP贡献率和拉动率上，投资的贡献和拉动率最大，其次是消费，而出口的贡献率和拉动率稍低。在消费、投资和出口三大

需求的规模上，消费规模最大，其次是投资，出口规模相对较小；随着时间变化，投资的规模已和消费相当，出口规模大约是消费和投资的一半；在三大需求的增长速度上，投资和出口增长更快，而消费增速相对较低（见图5－8）。

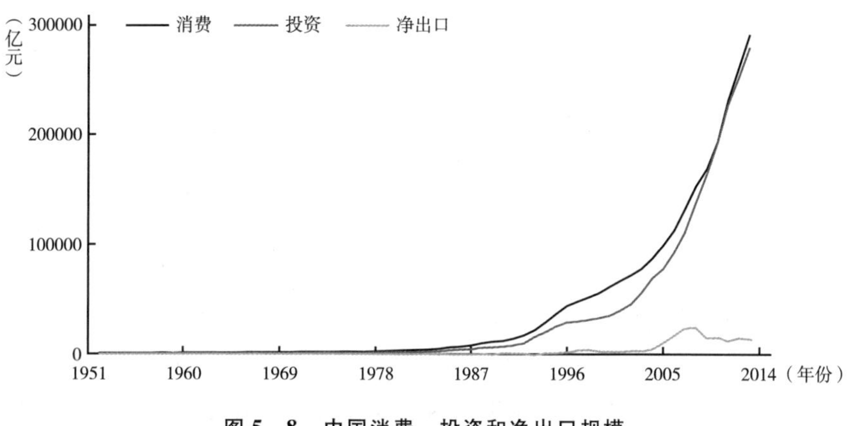

图5－8　中国消费、投资和净出口规模

资料来源：Wind资讯和相关年份《中国统计年鉴》。

中国消费、投资和出口三大结构中，主要的问题是消费占比偏低而投资占比偏高。世界银行WDI的数据显示，2014年全球投资占比的平均水平为23.2%，消费占比为75.6%。按收入划分来看，中国所处的中等收入国家平均投资占比为33.7%，明显高于高收入国家与低收入国家；消费占比为60.5%，明显低于高收入国家与低收入国家。中等收入国家投资占比较高与其处于的较快发展阶段有关，但即便在中等收入国家中，中国的投资占比也相对偏高。与世界主要的高投资占比国家相比，2014年中国投资占比列世界第四位，仅低于蒙古、不丹和土库曼斯坦。

二　中美需求结构的比较

对照美国需求结构的发展历程，可以看出，当前中国的需求结构类似于美国在1950～1970年工业化平稳时期的结构特点。故而，以下我们一方面比较中国和美国当前的需求结构，发现中国结构中的问题和不足；另一方面是比较中国当前的需求结构和美国1950～1970年工业化平稳时期的需求结构，找出两国结构相似的时间点，为中国的结构调整和宏观治理提供借鉴。

（一）消费结构比较揭示中国消费占比偏低

中美消费需求结构的差异主要表现如下。第一，美国消费支出总额远大于中国，美国人均消费支出更是远高于中国，且中美消费支出的差距在不断缩小。第二，美国消费支出占 GDP 的比重大于中国，且中国消费支出所占比重在不断下降，而美国的消费支出所占比重在上升。第三，美国消费支出的层次高于中国，美国消费支出主要集中在服务和非耐用品，而中国消费支出主要集中在食品（见图 5 - 9）。

中美消费结构比较的结果说明中国消费中存在的问题有：①总体消费水平较低，人均消费支出与美国相比有非常大的差距；②消费占 GDP 的比重低，且所占比重随着时间推移呈现不断下降的趋势，这是不合理的，说明中国消费增长乏力；③在消费结构上，中国消费支出还主要集中在食品、居住、衣着等基本需求上，而美国消费已经主要集中于服务。

比较当前中国的消费结构和美国 1950 ~ 1970 年的工业化平稳时期消费结构，发现中国从 2000 年开始下降的消费占比与美国从 1960 年开始下降的消费占比非常相似。而美国的消费占比 60 年代末开始呈现回升的趋势，与中国 2010 年开始回升的消费占比较为相似。从占比的实际数据看，中国当前的消费结构与美国工业化平稳时期的消费结构一致。

中国消费结构中存在的问题以及和美国的差异对于中国未来消费的发展具有借鉴价值和意义。其一，中国消费水平和美国存在很大差距，提高中国消费水平是中国应该努力学习的方向。其二，中国消费占 GDP 比重较低，远低于美国；中国应该逐步提高消费占比，但目前的经济发展阶段不适宜以美国的消费占比作为学习的目标，过度的消费对中国来说也是不可取的。其三，消费的产品结构上，中国主要消费在食品等基本需求，而美国主要消费在服务产品；中国应该逐步提高对于服务产品的需求，提高消费层次，但短期内还不可能达到以消费服务产品为主的水平。

（二）投资结构比较证明中国投资占比过大且政府投资过多

比较当前中美投资的结构。中美投资需求结构存在的差异主要有以下三点。第一，中国投资占 GDP 的比重远大于美国，且中国投资占比在不断提高，而美国投资占比在不断下降。第二，在投资增长速度上，中国的投资增速快于美国。第三，在投资的行业上，中国投资主要在制造业部门，而美国投资更多在服务业部门。

以上中美投资规模和结构的比较结果揭示，中国的投资可能存在以下

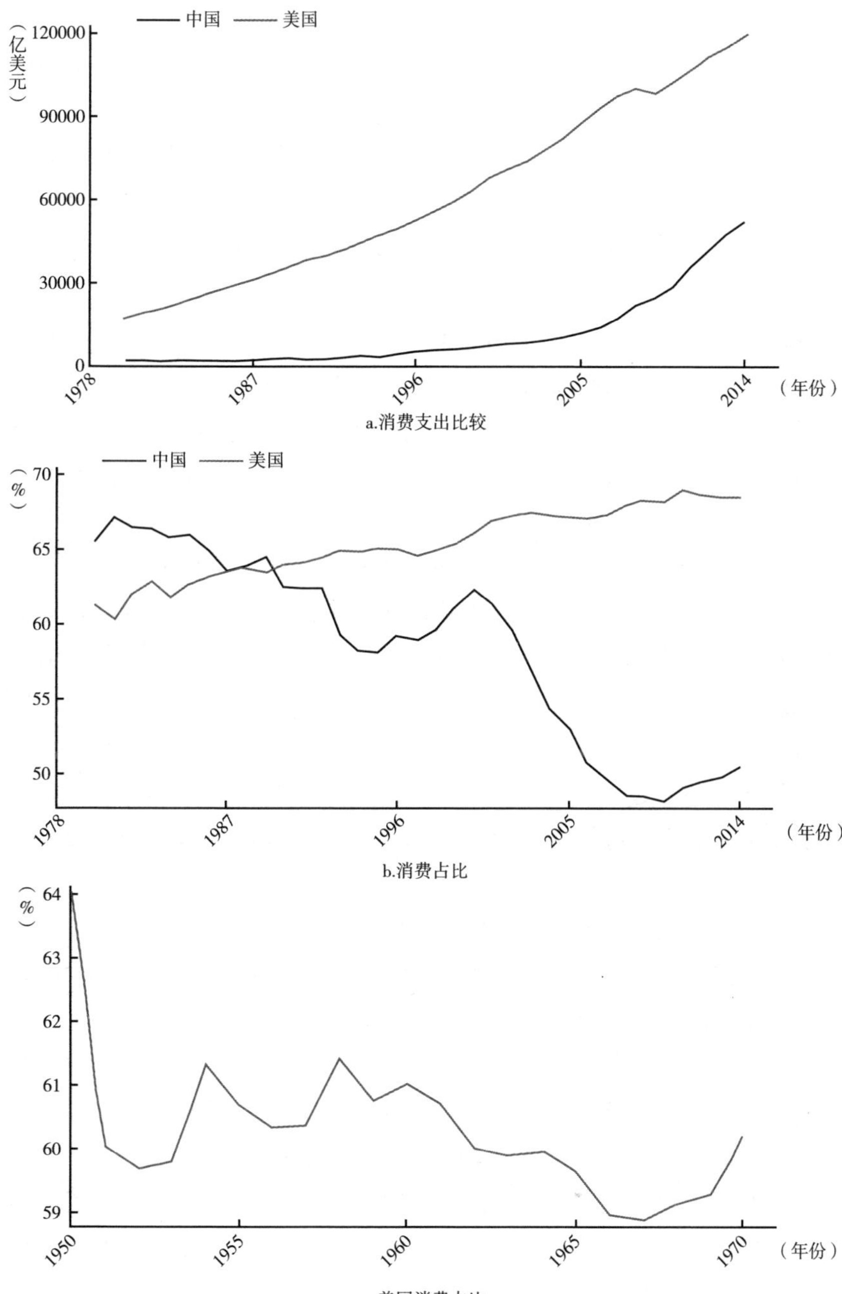

图 5－9　中美消费支出绝对量和相对量的对比

资料来源：根据相关年份《中国统计年鉴》、美国经济分析局数据计算整理。

问题。①中国投资规模增长较快，经济增长较多地依赖于投资，而消费增长乏力，这是一种不协调的增长模式，可持续性弱。②中国投资占 GDP 比重很大，且随着时间推移在不断增加，但美国投资占 GDP 比重却在不断下降。迥然不同的结果说明，中国经济增长已经越来越依赖于固定资产投资，这是不可持续的。③中国投资的行业分布主要在制造业和房地产业，而美国更多地在服务业部门，说明中国投资的行业层次仍然较低，需要不断完善结构。

在投资占 GDP 比重上，中国当前的投资占比和美国工业化平稳时期的投资占比大致相同。观察变动的趋势图，中国从 1993 年开始的变动和美国 1953 年左右开始的变动非常相像。预计中国今后的投资占比会逐步下降。比较的结果发现，在投资结构上，中国目前的结构与美国 1950 ~ 1970 年的工业化平稳时期结构基本一致（见图 5 - 10）。

中美投资结构比较中国可以借鉴的主要有以下方面。其一，中国投资在 GDP 中的占比远大于美国，在短期内中国经济增长对于投资的依赖难以改变，且投资在未来的一段时间内将依然是中国经济增长的主要动力之一，美国的经验对于中国的借鉴价值较少，可以学习的地方不多。其二，美国投资结构对于中国具有借鉴价值的是，中国投资较多集中于基础设施、房地产业和制造业等，且政府主导所占的比重较大；而美国投资较多集中于服务业且私人投资占比大；中国的投资应该逐步提高行业层次且增加私人投资所占的比重。

（三）出口结构比较发现中国服务贸易份额过低

比较当前中美出口结构。从中美出口贸易规模对比看，中国出口贸易总额一直大于美国，但差距不断缩小，至 2011 年两国出口规模已相当。在发展趋势上，从 2000 年开始，中国出口贸易增长速度远快于美国出口增速。从中美出口占 GDP 比重的对比看，中国出口占 GDP 比重一直高于美国，且中国占比具有逐年增长的趋势，美国占比的增长非常缓慢；但金融危机后中国出口占 GDP 比重大幅下降。从货物贸易和服务贸易的结构对比看，中美货物贸易规模相当，但服务贸易差距很大；中国货物和服务贸易的比不断扩大，但美国货物和服务贸易比却呈现了逐年下降的趋势。

中美出口贸易规模和结构对比的结果说明，中国出口贸易存在以下的问题和不足。①中国出口占 GDP 的比重一直很高，说明经济增长对于出口的依赖程度较高，这在一定程度上可能存在风险（见图 5 - 11）。②中国服

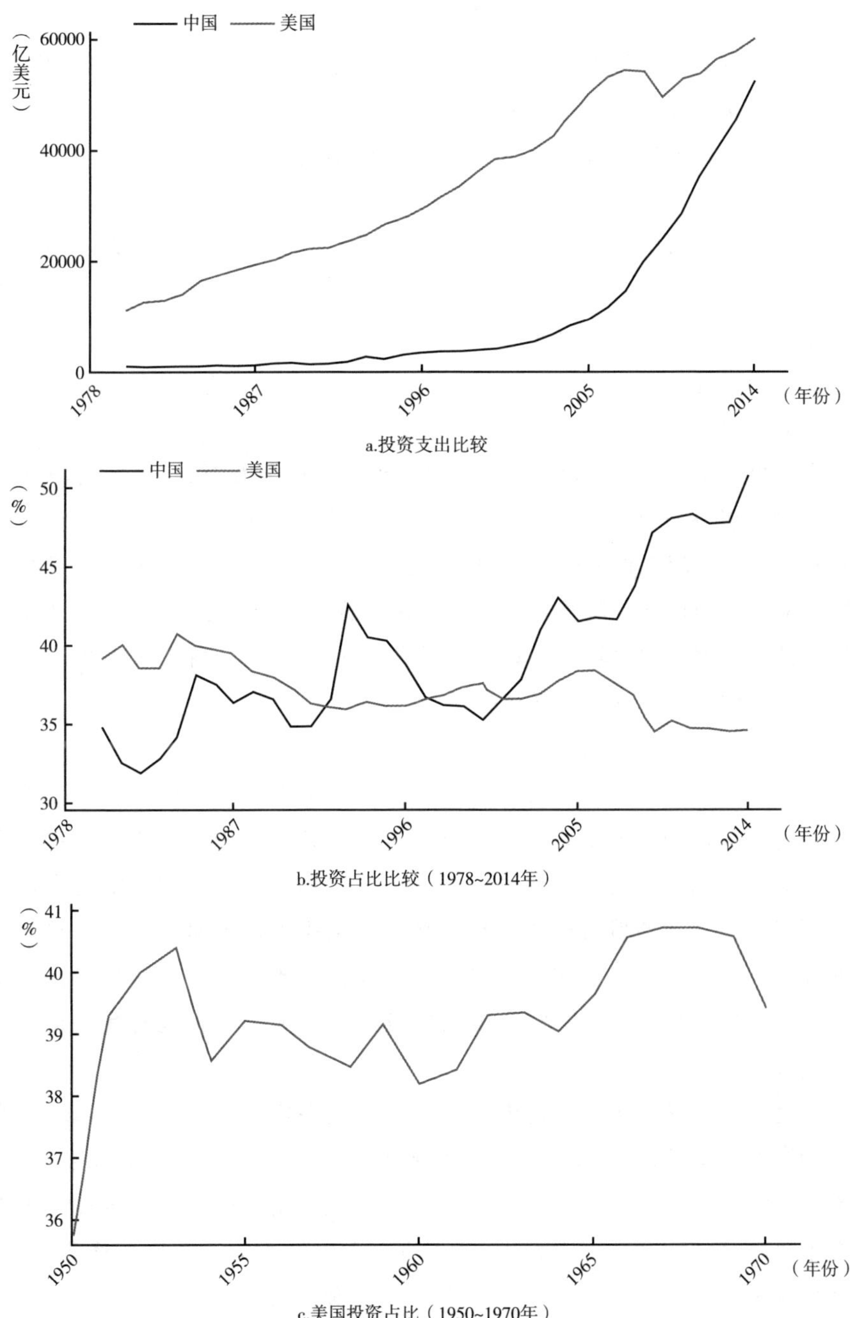

图 5－10　中美投资的绝对量和相对量比较

资料来源：根据相关年份《中国统计年鉴》、美国经济分析局数据计算整理。

务贸易发展严重滞后，不仅滞后于美国，也滞后于货物贸易的发展；推动货物贸易的发展是一项重要任务。③中国货物出口主要集中在少数行业，出口的行业集中度很高，这是不均衡甚至存在风险的。④中国服务出口主要分布在生产性服务以及旅游业，服务出口不仅规模小，层次也不高，整体服务业竞争力都不强。

比较中国当前出口结构和美国在 1950 ~ 1970 工业化平稳时期的出口结构。从占 GDP 的比重看，绝对量上中国占比大于美国，但中国的出口中有一半是加工贸易，如果去除这一因素，中国出口与美国占比相近。从出口占比的变化趋势看，当前中国出口占比的变化和美国在工业化平稳时期的出口占比变动相似。

中美出口结构的比较对中国的借鉴价值在于以下方面。其一，中国出口占 GDP 的比重大于美国，经济增长对出口的依赖程度较高，这种状况需要逐步转变，但在短期内是难以实现的。其二，中国服务贸易发展严重滞后于美国，应该大力推动中国服务贸易的发展，逐步缩小与美国的差距，美国服务贸易的发展值得中国学习。其三，美国出口的产品层次和附加值均高于中国，值得中国学习并逐步改善和提高。

（四）三大需求在国民经济中地位的比较

对比当前中国和美国三大需求在国民经济中的地位。中美三大需求在国民经济中地位的差异主要表现在以下方面。第一，中国投资和出口的占比远远高于美国，而美国消费占比远远高于中国。第二，中国消费占比在不断下降，而美国消费占比在不断提高。中国投资占比呈现波动，总体在不断提高，美国投资占比亦呈现波动但总体在逐步下降。中国出口占比不断增加但金融危机后不断下降，美国出口占比较为稳定但也有缓慢提高的趋势（见图 5 - 12）。

中美三大需求在国民经济中地位比较的结果说明，中国三大需求本身的结构存在以下的问题和不足。①中国经济增长对投资的依赖程度很高，投资占 GDP 的比重很大，并且存在逐年增长的趋势，这在一定程度上可能存在不可持续性。②中国消费占 GDP 的比重很低，并且占比在逐年下降，这不仅不利于启动内需，也不利于整体社会福利的提高。③中国经济增长对出口贸易的依赖程度也很大，对外需的过度依赖会增加经济增长的风险，容易受到国际市场环境的冲击。④在消费、投资和出口三大需求的结构上，中国需大力提高消费需求，降低投资占 GDP 的比重，同时维持出口

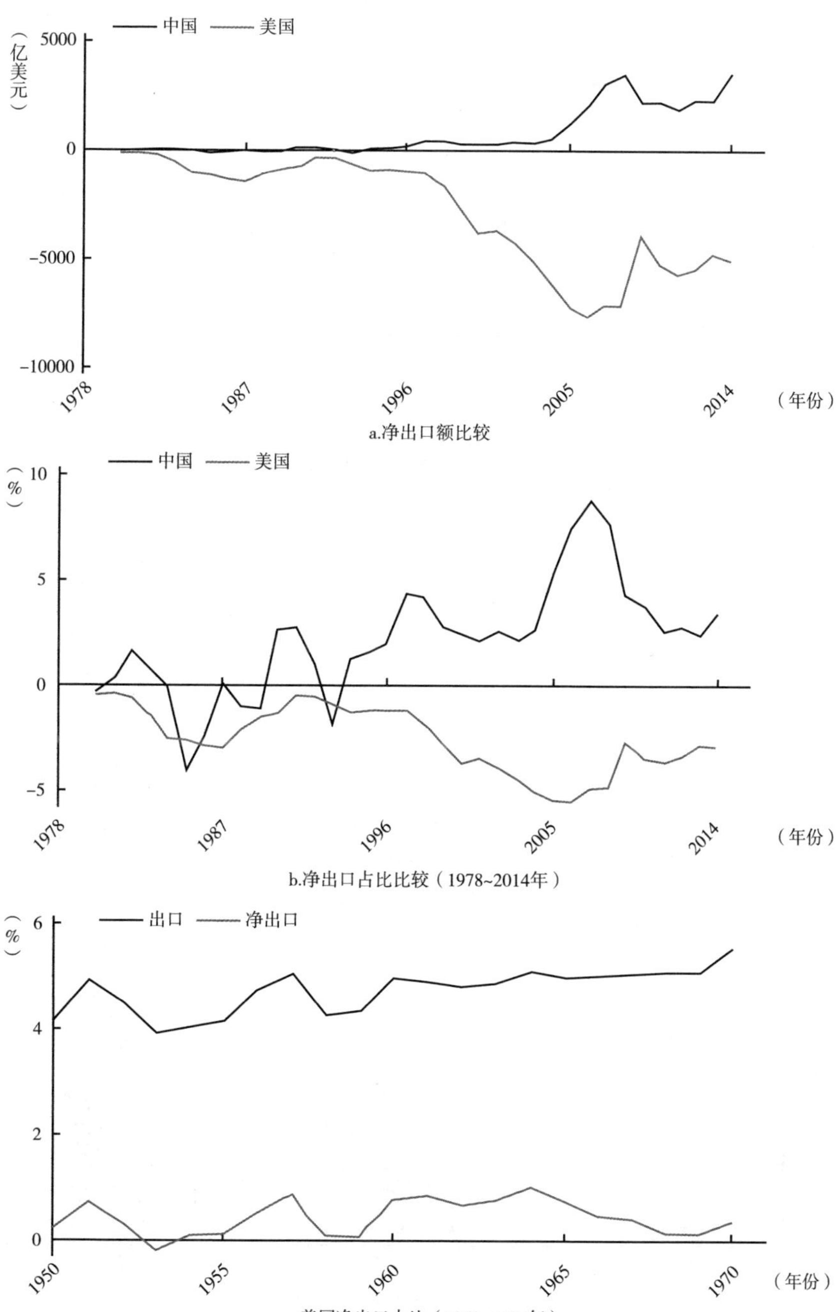

图 5－11　中美净出口绝对量和相对量的比较

资料来源：根据 WTO 统计数据库以及 Wind 资讯数据计算整理。

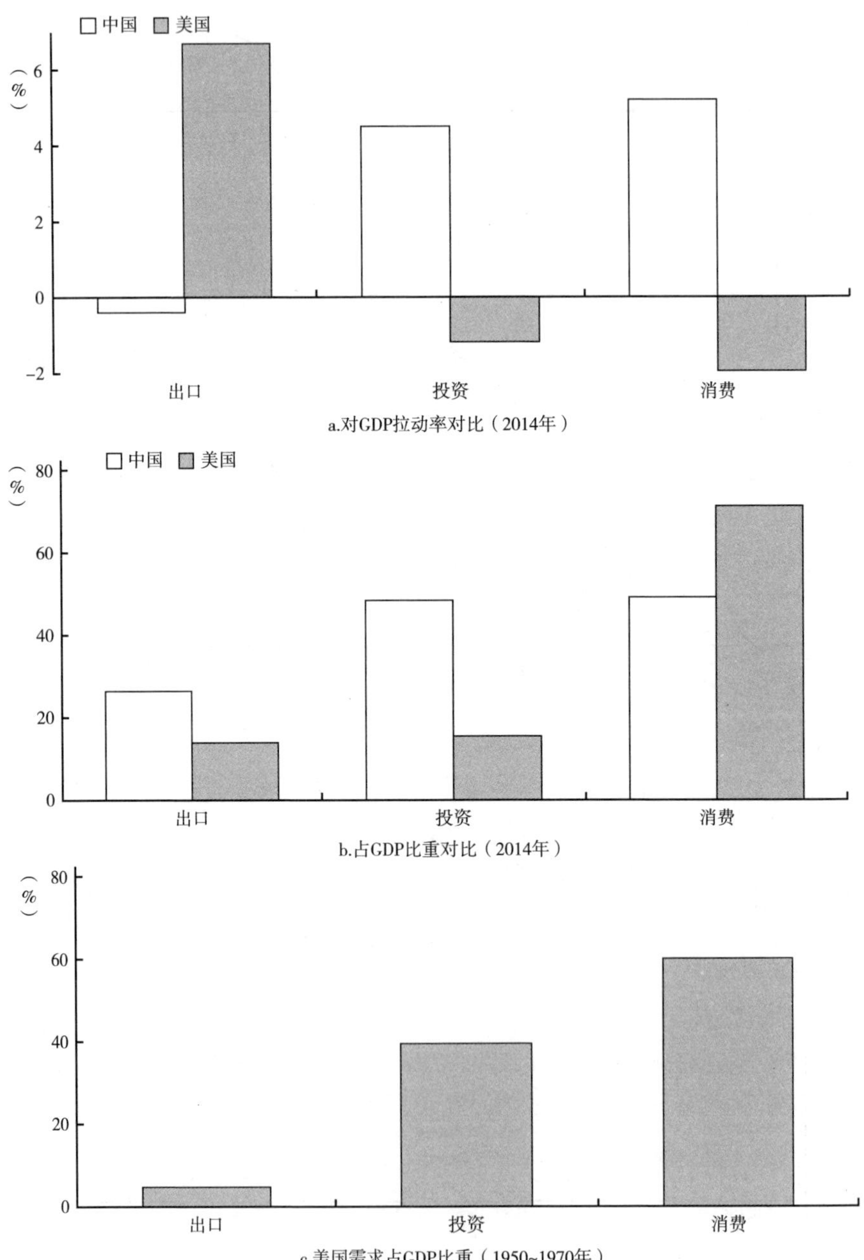

图 5－12　中美三大需求、美国平均三大需求结构对比

资料来源：根据相关年份《中国统计年鉴》、美国经济分析局数据整理。

贸易的稳定。

对比当前中国和美国在 1950 ~ 1970 年工业化平稳时期的三大需求占 GDP 比重。从相对结构上看，当前中国的需求结构和美国工业化平稳时期的三大需求结构相似。具体数值看，中国消费占比略低、出口占比略高，但整体上的三大需求在国民经济中地位结构相似。中国目前的阶段相当于美国的工业化平稳阶段。

中国的三大需求中，与美国相比，投资和出口占 GDP 的比重偏高，而消费占比偏低；美国的结构对于中国具有一定的借鉴价值，但中国当前经济增长的阶段和水平以及现实的情形决定了这种结构在短期内较难改变，且具有一定程度的合理性。故而，美国在三大需求上的结构对中国具有借鉴价值，但仍然需要结合中国自身的经济发展状况，美国的结构对中国并不完全适合。总体看，中国的消费在 GDP 中的占比应该逐步提高，而投资和出口一段时间内仍然是中国经济增长的重要动力。

（五）美国需求结构对中国需求结构的启示

（1）中国当前的需求结构状况和美国1950 ~ 1970 年的工业化平稳时期较为类似。总体的状况是投资所占比重较大且增速较快，消费所占比重相对较小但增速也较快，净出口占比较大但增速放缓，面临调整。这一阶段宏观经济的特点是处于工业化发展的平稳时期，增长放缓，经济波动增加，宏观稳定问题凸显，经济增长进入平台期，需要宏观整体调节带动经济的新一轮发展。

（2）在美国工业化平稳时期（1950 ~ 1970 年），财政政策具有更加有效的作用，而货币政策由于传导效果不畅而作用有限。一方面，工业化平稳时期的需求结构面临调整；财政政策是结构导向，对于结构调整具有更加有效的作用，而货币政策是稳定导向的，对于经济稳定具有更有效的作用。另一方面，工业化平稳时期的货币市场发展不完善、不健全，金融市场不发达且利率弹性不足，导致货币政策效果不佳，财政政策的作用更明显。最后，工业化平稳时期经济增长放缓、进入平台期，对宏观调节的需求增加，需要积极的刺激政策，而财政政策在刺激经济方面具有更好的效果。

（3）中美需求结构及发展阶段的对比对中国经济结构调整的启示是：中国当前以投资为主导的经济增长模式具有必然性和合理性，未来一段时间内，投资仍然是经济增长的主要动力，消费需求将不断提高，而出口面临调整和质量提升；同时，结构的调整也是未来一段时期内中国经济发展中的重要任务。

（4）财政政策对当前中国经济结构的治理比货币政策更加有效。货币政策的作用在未来需要逐步加强。短期内，财政政策的重点是通过有重点和有区别的投资优化经济结构，逐步增加对消费的鼓励，促进贸易的平稳发展和质量提升。

（5）美国在工业化平稳期之后的经济结构演变对中国未来需求结构发展方向的启示：投资继续成为经济增长的重要动力，但消费的作用不断增强并在未来超过投资，进入稳定增长期和调整期，贸易在需求结构中的比重不断下降。

（6）对比的结果启示中国：第一要调整需求结构，第二要加强宏观经济治理，第三是需求结构的调整主要靠财政政策。

第三节　中国收入与财富分配的演变及同美国的比较

在中国的宏观收入分配格局中，政府的份额多数时候较高。近 60 年来，政府所得呈 V 形走势。财政收入占 GDP 的比例，20 世纪 50 年代至 20 世纪 70 年代平均为 28.4%（1960 年为 39.3%，是近 60 年最高位），自 1978 年开始，该比例从 31.1% 快速降至 1994～1996 年的 10.5%（为近 60 年最低位），随后开始反弹，逐步回升至 2012 年的 22.6%（相当于 1985 年水平）。1952～2012 年，该比例平均为 18.6%，其间超过该均值的年份达 41 年（即 1987～2006 年之外的年份），占 61 年的 67%。

近 20 年来，政府所得大体呈上升态势，居民所得先升后降，企业所得先降后升①。其一，生产税净额在 GDP 中的份额从 1992 年的 12.3% 升至 2000 年的 14.5%，2005 年跌至 13.6%，但 2010 年回升至 14.8%。其二，劳动报酬在 GDP 中的份额从 1990 年的 46.7%，升至 1997 年的 54.9%，随后跌至 2005～2007 年 42%，2010 年反弹至 47.3%。其三，企业盈余和固定资产折旧在 GDP 中的份额，从 1992 年的 42.5%，逐步降至 1997～2000 年的 31%，随后反弹至 2005～2007 年的 44%，2010 年回落至 38%。

① 根据投入产出表数据计算。

一　中国居民收入分配差距快速扩大，近年来略有放缓，但仍处于近60年来的高位

自1978年以来，居民收入分配差距经历了30年的持续扩大。2012年，居民收入基尼系数已达0.474，比1978年的0.283增长67.5%，年均增长1.5%。

20世纪80年代是收入分配差距扩大最快的时期。1980～1989年间、1990～1999年间和2000～2009年间，中国居民收入基尼系数年均增幅分别为5%、2%和2.9%，1980年、1990年、2000年和2010年基尼系数分别为0.267、0.326、0.415和0.481。2010年代，中国收入分配差距初步显示缩小迹象，相应基尼系数2010～2012年平均每年下降2.9%，2014年降至0.469。

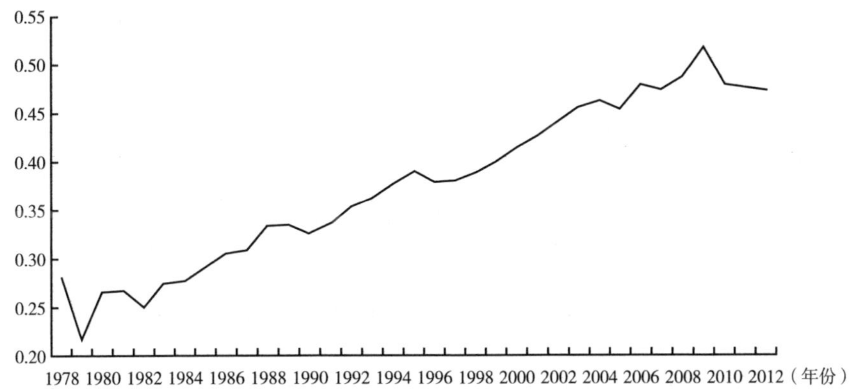

图5－13　中国居民收入GINI系数，1978～2012年

资料来源：刘仕国著《外商直接投资对中国收入分配的影响》，社科文献出版社，2012，附表1－1；国家统计局，《马建堂就2012年国民经济运行情况答记者问》，2013年1月16日；国家统计局：《2014年国民经济在新常态下平稳运行》，2015年1月20日。

城乡差距在中国收入分配中占据主导地位①。2007年城乡差距对中国收入分配差距的贡献约50%。近年来，城镇内部和乡村内部差距仍在扩大，特别是前者，成为收入分配差距扩大的主要因素。

——城乡收入分配差距快速拉大，是中国收入分配格局最为重要的特点。城乡差距对全国收入分配差距的贡献逐步上升，其贡献率1988年为

① 地区差距、部门差距与城乡差距之间，其实存在相互嵌套关系。

37%，1995 年为 41%，2002 年为 46%，2007 年升至 51%①。中国城市居民实际可支配收入同农村居民人均纯收入之比，1978 年为 2.37，1985 年降至 1.86，随后反弹，1990 年升至 2.2，1995 年至 2.71，2000 年为 2.78，2003 年快速扩大至 3.23，此后小幅扩大至 2007 年的 3.32 且连续三年保持稳定，2010～2012 年连续下降至 3.1。高收入人群集中在城市，贫困人口集中在乡村。在全国最高收入的 10% 人群中，城镇居民占比 1995、2002 和 2007 年分别为 76.2%、93% 和 96%；在全国最低收入的 10% 人群中，2002 年城镇居民占比为 1.3%，2007 年不到 1%②。

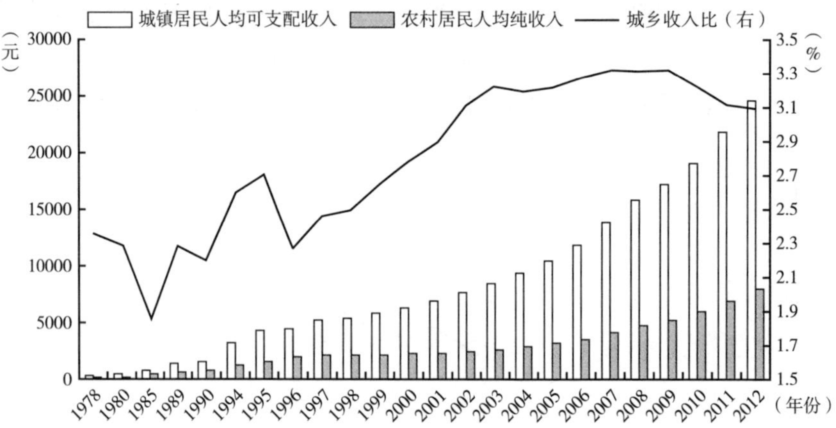

图 5－14　中国城乡居民人均收入分配差距

——城镇居民内部差距快速扩大。这种扩大始于 20 世纪 80 年代，20 世纪 90 年代和 20 世纪初表现尤其明显。国家统计局的数据显示，城镇居民收入基尼系数 1988 年为 0.23，1994 年为 0.3，2000 年为 0.32，2005 年为 0.34，2009 年升至 0.36。一些修正结果显示，2007 年相应数据高达 0.42③。

① Li, Shi & Chuliang Luo & Terry Sicular, "Overview: Income Inequality and Poverty in China, 2002－2007", University of Western Ontario, CIBC Centre for Human Capital and Productivity Working Papers 201110, University of Western Ontario, CIBC Centre for Human Capital and Productivity, 2011.

② 城乡收入分配差距的走势主要受农村居民收入态势的影响。后者则主要受农产品价格和务工收入走势的影响。如果农产品价格下降或者外出务工受阻，城乡收入分配差距就会扩大。城镇居民收入一直保持较高增速。李实：《中国收入分配差距的现状、趋势及其影响因素》，《转折时期的中国收入分配：中国收入分配相关政策的影响评估》，中国发展出版社，2012，第 14～15 页。

③ 李实、罗楚亮：《我国居民收入差距的短期变动与长期趋势》，《经济社会体制比较》2012 年第 4 期。

主要原因有，①房地产价格过快上涨，造成财产性收入分配差距急剧扩大；②行业垄断和部门分割，造成行业收入分配差距扩大。

——农村内部差距长期扩大，近期放缓。尽管农村差距对全国收入分配差距的贡献率稳中趋降，1988 年为 54%，1995 年为 44%，2002 年为 36%[①]，但农村收入分配差距基本上呈现不断扩大态势，基尼系数从 2000 年的 0.35 小幅扩大至 2009 年的 0.39，平均每年上升 0.4 个百分点。农村最富裕的 10% 人群和最穷困的 10% 人群的平均收入比率 2007 年达 15 倍。随后，由于农村低收入人群的收入增长快于高收入人群，农村收入分配差距扩大势头预期有所放缓。2002 ~ 2005 年间，农村低收入户工资性收入名义增长 42.5%，高收入户增长 29.5%，导致工资性收入在前者总收入中的占比从 26.4% 升至 30.2%，后者则一直较为稳定。

——非法非正常收入分配差距是拉大中国分配差距的重要力量[②]。在包括隐性收入之前和之后，最高收入和最低收入各 10% 家庭之间的收入差距，2005 年，城镇从 9 倍扩大到 31 倍，全国从 21 倍扩大到 55 倍；2008 年，城镇从 9 倍扩大到 26 倍，全国从 23 倍扩大到 65 倍。在 1988 ~ 1999 年间，四种主要非法非正常收入的影响综合在一起，使全国居民收入基尼系数由 0.391 上升到 0.461，在总的收入差别中占比约为 15%。2005 年和 2008 年城镇居民可支配的隐性收入总额分别为 4.8 万亿元和 9.3 万亿元，其中大部分属于“灰色收入”，主要发生在高收入阶层。在包括隐性收入以后，2005 年和 2008 年全国城镇最高收入和最低收入各 10% 家庭之间的收入差距分别为 31 倍和 26 倍，而未包括隐性收入的官方数字均为 9 倍；全国乡镇 2005 年和 2008 年分别为 55 倍和 65 倍，而未包括隐性收入的官方数字分别仅为 21 倍和 23 倍；灰色收入占国民总收入的比例从 2005 年的 13% 提升至 2008 年的 15%；包括隐性收入在内的全国居民收入分配的基尼系数，会显著高于国内外有关专家计算的 0.47 ~ 0.50。

从全球来看，中国已成为全球收入不平等问题十分严重的国家，在亚洲仅次于菲律宾，超过了所有欧洲国家，同一些拉美国家持平。2009 年，中国

---

① 李实：《中国收入差距的现状、趋势及其影响因素》，《转折期的中国收入分配：中国收入分配相关政策的影响评估》，中国发展出版社，2012，第 11 ~ 39 页。

② 陈宗胜、周云波：《再论改革与发展中的收入分配》，经济科学出版社，2002；王小鲁：《灰色收入与国民收入分配》，《比较》总第 48 辑，中信出版社，2010；王小鲁、李实、丁宁宁、赵晓：《透析“灰色收入”》，《中国经济时报》2010 年 9 月 17 日，第 5 版。

居民收入基尼系数高达0.49（国家统计局数据），而巴西、墨西哥（2008年）、阿根廷、俄罗斯、印度（2005年）居民收入分配系数分别为0.55、0.48、0.46、0.40和0.33。收入分配的不均已经在中国社会引发种种矛盾。建立科学合理、公平、公正的社会收入分配体系，已成为构建和谐社会的迫切要求。

二　房产和金融资产比重快速上升，导致中国财富分配越发不公平

财产包括五种，分别是金融资产、房产、生产性固定资产、耐用消费品、其他资产，农村住户还包括土地。同总财产指标相比，净财产为财产总额减去负债，能够更好地反映住户财产的实际占有状况①。

（一）房产和金融资产比重快速上升和分配差距拉大，致个人财富分配差距急剧扩大

房地产和金融资产，超越土地和耐用消费品，日渐成为个人主要财产。从1995年到2002年，各分项资产在全国个人净资产总值中的占比：房产从35.4%升至57.9%，金融资产从15.8%升至21.8%，土地价值从31.6%降至9.4%，耐用消费品从11.9%降至6.9%。

几乎所有财产的分配差距都在扩大。从1995年到2002年，全国个人总财产净值基尼系数从0.4升至0.55。各分项净资产基尼系数：房产从0.64升至0.67，金融净资产从0.67升至0.74，土地价值从0.55升至0.67，耐用消费品从0.54升至0.64。

房产和金融资产是导致个人财产分配差距扩大的主要因素。同期，个人分项资产对总资产分配差距的贡献率：房产从48.15%升至66.32%，金融资产从17.08%升至24.92%，土地价值从22.92%降至-0.77%，耐用消费品从6.41%降至6.01%。

（二）耐用消费品分配差距的缩小基本抵消房产分配差距的扩大，导致城镇个人财产分配差距微幅缩小

房产在个人总财产中的地位越发重要，但耐用消费品地位大幅下降。从1995年至2002年，各分项资产在城镇个人净资产总值中的占比，房产从43.7%飙升至64.4%，金融资产从28%略降至25.9%，耐用消费品从23%

① 有关中国居民财产分布（或分配）的文献，相关统计数据严重不足。除非特别指出，以下相关内容引自李实、魏众和丁塞：《中国居民财产分布不均等及其原因的经验分析》，《经济研究》2005年第6期，第4~15页。

猛降至7.2%。

房产分配差距大幅下降，耐用消费品分配差距大幅上升。从1995年到2002年，城镇个人总财产净值基尼系数从0.52降至0.48。各分项净资产变动如下：房产从0.82升至0.54，金融净资产依然为0.6，耐用消费品从0.41升至0.98。房产分布不平等程度的下降，说明城镇公有住房改革是成功的。但是，随后十年里，房地产价格大面积大幅上涨，对房地产的投资或者投机大幅上升，对财富与收入分配差距的影响越来越大。

耐用消费品分配差距的缩小基本抵消房产分配差距的扩大。个人分项资产对总资产分配差距的贡献率房产从61.7%升至67.62%，金融资产从22.8%升至24.22%，耐用消费品从10.2%降至4.92%。

（三）农村个人财产分配差距扩大

土地价值的相对重要性下降，房产和金融资产地位上升。各分项净资产在农村个人财产中的占比变动如下：房产从31.5%升至43%，金融净资产从9.9%升至12.3%，土地价值从46.8%降至30.7%，耐用消费品从6.6%降至6.1%。

各项财产分配差距恶化。从1995年到2002年，农村个人总财产净值基尼系数从0.33升至0.4。各分项净资产基尼系数发生如下变动，房产从0.47升至0.54，金融净资产从0.62升至0.68，土地价值从0.37升至0.45，耐用消费品从0.4升至0.66。

房产和金融资产等分配差距的扩大，抵消了土地分配差距的大幅缩小。个人分项资产对总资产分配差距的贡献率，房产从36.46%升至49.15%，金融资产从13.19%升至15.18%，土地价值从40.44%降至20.02%，耐用消费品从4.45%升至5.79%。农村土地的分配对农村财富分配起到了缩小差距的作用。

（四）城乡财富差距急剧扩大

全国居民的财产分布差距分解为三部分：城乡之间的差距，城镇内部的差距和农村内部的差距。1995年，在全国居民财产分布中，城乡不平等微乎其微，仅仅占全国财产分布不平等的1%。但是，到2002年，城乡财产不平等程度急剧加大，贡献了全国财产不平等的37%，一跃成为三种财产差距中的主导因素。

两次财产制度的变革，对中国城乡之间居民财产分布差距的变化起到了至关重要的作用。农村土地使用权的变革使得城乡之间居民的财产分布差距在20世纪70年代末和20世纪80年代初保持在很低的水平上。如果将土地价值从农村居民的总财产中扣除，那1995年城乡居民之间的财产差距将会由实际上11.17倍扩大为21.21倍。

总的看来，中国居民的财产差距出现了明显的扩大趋势，悬殊的程度虽不及部分发达国家，但扩大之快超过其他国家。主要原因之一是城乡之间财富差距的急剧拉大，以及城镇公有住房的私有化过程和房地产市场的非理性运行。尤其是后者，它既解释了1995年城镇内部财产分布的巨大差距，又解释了随后城镇财产差距的缩小过程；它既是城乡之间财产差距急剧扩大的部分原因，又是全国财产差距明显扩大的不容忽视的影响因素。农村的土地随着收益的下降而贬值，在农村居民财产总值中的份额快速降低，对全国财产差距扩大的抵消作用变得越来越有限。居民金融资产随着其份额和集中率的不断上升，对总财产分布不平等的推动作用将会变得越来越大。

三　中国近30年的分配差距扩大势头同1820～1896年的美国较为相似

20世纪70年代以来，中国和美国都经历了收入不平等持续扩大的过程，都属于世界上不平等程度很高的国家。在其他时期，关于中国收入与财富分配的状况，由于缺乏系统数据，相关研究较少，难以同美国进行更多的对比。

中美两国收入分配差距演变的经历显示，在国民经济工业化时期，收入分配不平等程度都倾向于扩大，甚至快速扩大，相当于库兹涅茨倒U形曲线的前半部分，即快速上升时期。美国的上述过程发生在工业化中前期（1820～1920年代，战争年代除外），中国发生于工业化中前期（20世纪50年代至今，1978年之前的收入分配差距部分被隐性化，事实上也不低）。在工业化中前期，国民经济的产业结构变动较大，工业尤其重工业的比重上升幅度较大。在后工业化时期，工业的比重呈现下降势头，服务业比重逐渐增加。

收入分配不平等走势存在某种周期。长期来看，这种周期同产业结构的变动具有较高的同步性——当产业结构变化剧烈时，收入不平等程度就倾向于拉大，反之则较稳定。短期内，这种周期性同商业周期有一定的同步性——当经济衰退时，不平等程度会上升；当经济快速增长时，不平等程度会下降。

中国收入不平等程度在近30余年里以上升为主，之后是否出现美国那样的“崎岖的高原”现象，有待观察。

美国240年（1771～2011年）以来收入分配差距的变动趋势显示，库兹涅茨曲线显然是不够稳定的。它展示了发展过程的某种趋势，但却不能稳定地阐释所有不平等历史。在近现代时期收入分配差距趋势模糊不清的情况下，库兹涅茨曲线受到很多质疑。这可以理解，因为各国持续发展之初，资源（尤其土地）分配差距可能完全不同。尽管如此，倒U形曲线的下降趋势无疑富有相当大的预见性[①]，它概括了伴随工业化过程的收入分配演变趋势。但是，它是否适于解释伴生于国民经济信息化过程的分配差距演变，有待观察。

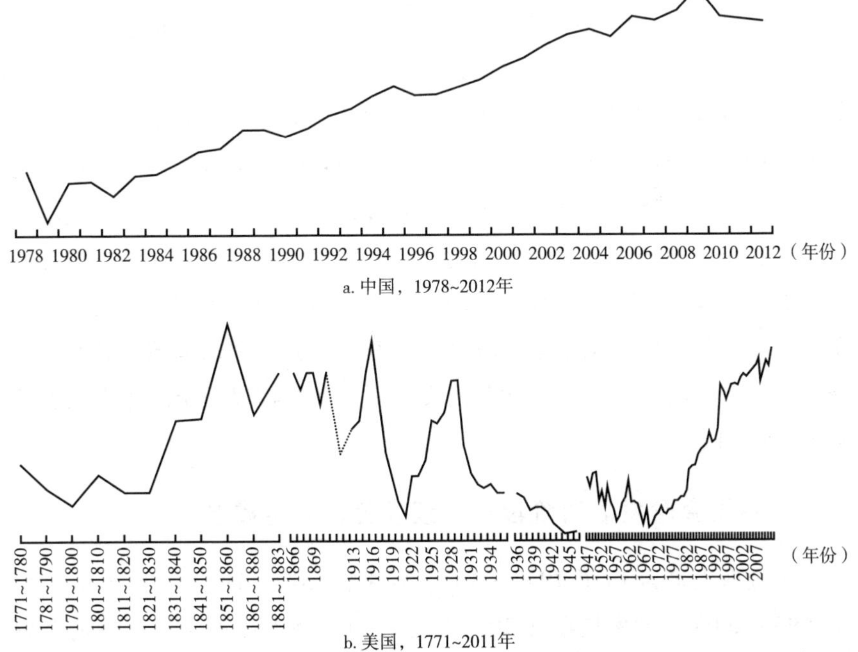

图5－15 中美居民收入分配趋势示意

注：居民收入分配差距测度指标：中国为基尼系数，美国为木匠日相对工资率（1771～1883年）、Inverse Pareto－Slope（1866～1936年）、最富1%人群在总收入中占比（1936～1946年）和基尼系数（1947～2011年）。本图下半部分主要目的在于显示美国收入分配差距的长期演变趋势。受指标上述差异的影响，仅美国（1946～2011年）和中国（1978～2012年）可直接比较差距大小。

① 安东尼·B. 阿特金森和弗兰科伊斯·布吉尼翁：《收入分配经济学手册》，蔡继明等校译，经济科学出版社，2009，第199～200页。

在分配高度不平等的社会，富有的精英阶层不仅在收入和财富中占据很高份额，而且在政治权力中也占据很高份额。这个阶层大约占全部人口的20%。通常的压力-集团模型，例如中间投票者模型，必须根据私利份额对政治话语权的实际拥有者进行调整，方可有效应用。有关收入不平等、政治话语权的不平等和政府再分配三者之间关系的理论，只有经检验确认有效后，才有可能明确认识任一方面的不平等问题①。

第四节　中国金融结构的演变及同美国的比较

宏观治理思想决定了金融结构的发展方向，同时金融结构的演变也受制于现有金融发展水平和内外部经济环境。就金融结构发展而言，中美之间存在几个重要异同。相同的地方在于，两国都处于混业经营时期，且都仍处于分业监管中。主要差异在于：①运行机制不同：中国金融结构属于银行主导型，而美国金融则属于市场主导型；②发展阶段不同：中国仍处于金融培育期，还存在金融抑制现象，而美国则已经建立起品类齐全的金融市场，并存在过度金融化现象；③开放程度不同：由于资本市场尚未完全开放，中国金融部门相对封闭，而美国金融市场则完全开放，并在全球范围内具有定价权和影响力。本节将从中国的金融部门发展、金融结构以及金融监管演变等角度展开分析和论述。

一　中国金融发展四阶段：持续发育，未达成熟

中国金融发展经历了1949～1978年的雏形期、1979～1992年的起步期、1993～2003年的发展期和2004年至今的金融市场深化期，目前金融市场仍未发育成熟。由于中央在2004年后加强了对资本市场的建设，中国的金融市场的广度和深度都出现了较大变化。中国经济快速发展的同时也伴随着金融产业的快速发展。2007年中国金融相关度甚至上升至4.1。尽管在全球危机的影响下，中国的金融相关度在2008年和2011年有所收缩。大体而言，中国经济的金融化程度逐步提升并接近美国20世纪90年代初的水平。

① 安东尼·B. 阿特金森和弗兰科伊斯·布吉尼翁：《收入分配经济学手册》，蔡继明等校译，经济科学出版社，2009，第201页。

21 世纪以来，中国金融业占第三产业的比重一改 2004 年之前的下降态势，再度回到了发展的快车道上，成为引领第三产业前进的重要动力。2014 年金融业约为第三产业总体增加值的 15.3%。

二　中国金融主体结构：银行业主导，多元化发展

（一）金融机构结构变化

我国现已建立起政策性金融和商业性金融相分离，以商业银行为主体，多种金融机构并存的金融机构体系，形成了金融产业机构的多元化。

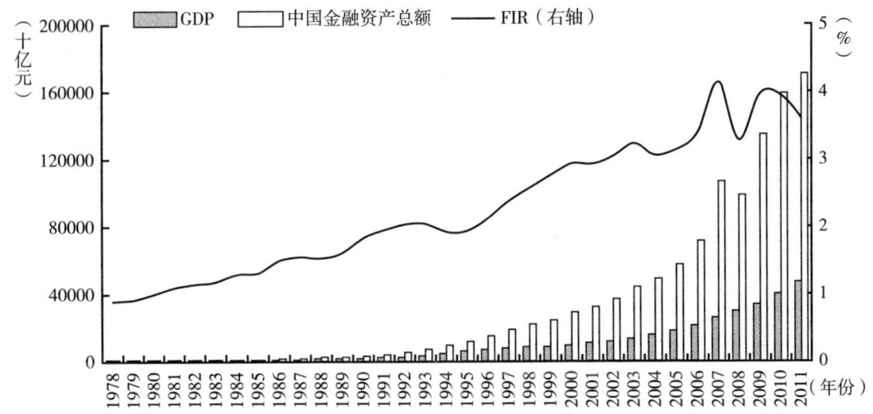

图 5－16　中国经济金融相关率变化

注：中国金融总资产 = M0 + 全国存款余额 + 全国国内保费收入 + 全国股票市值 + 全国贷款余额 + 国家财政国内债务余额。

资料来源：中国人民银行，《2007～2014 年社会融资规模统计数据报告》。

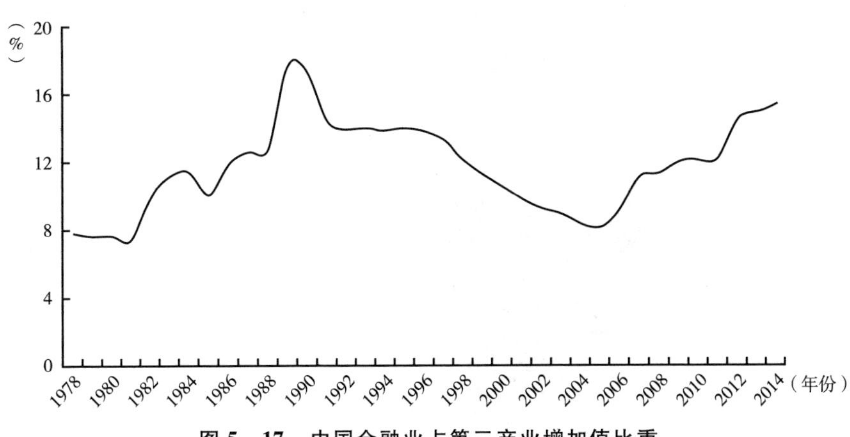

图 5－17　中国金融业占第三产业增加值比重

资料来源：Wind 资讯。

从1979～1993年的国有银行主导的多元化金融机构体系开始，逐步转变成1993～2003年的银行业主导，主要是大型商业银行主导的金融机构结构。加入WTO，在一定程度上推进了中国的金融市场化改革。中国承诺在入世5年后，取消限制所有权、经营权、外国金融机构的法律形式等。因此，在2004～2014年中国银行业以及大型商业银行重要性开始有所下降。大型商业银行在银行业金融机构中的比重逐年缩小，从2003年的55%，下降为2007年的53%，2014年进一步下降至24%。其他类型银行业金融机构

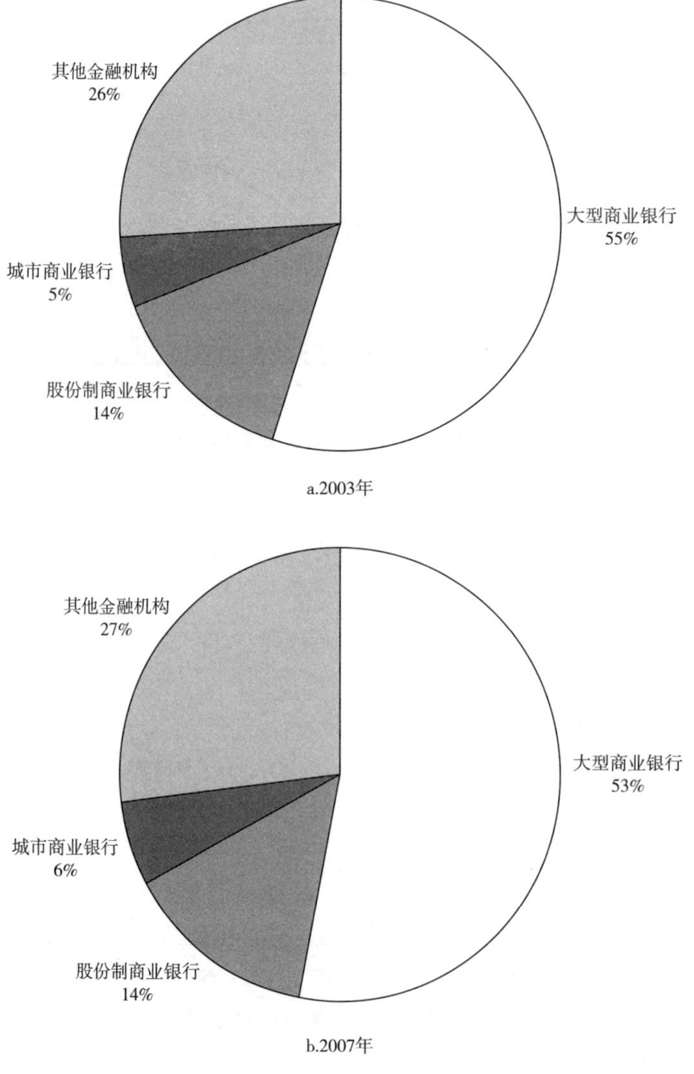

a.2003年

b.2007年

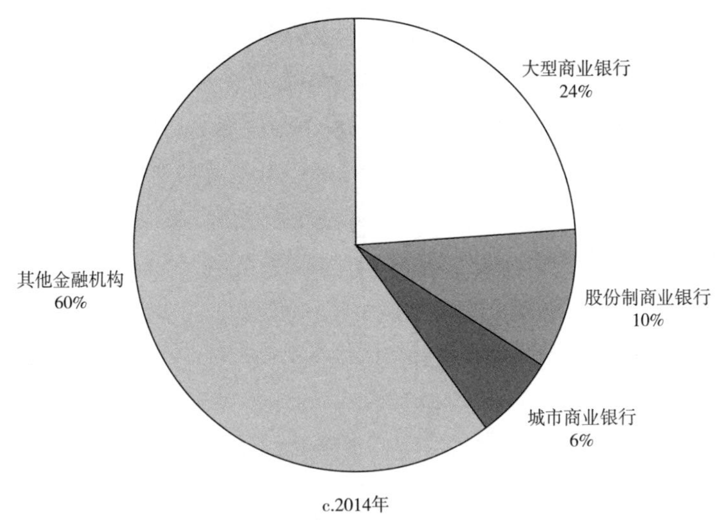

图 5－18　中国各类别金融机构总资产占比

资料来源：Wind 资讯。

则出现了较大幅度的增长，如图 5－19 所示。2013 年银行业金融机构在中国境内金融机构总资产的比重为 97.2%。随着保险、证券以及期货市场的进一步发展，中国非银行金融机构的融资作用将会变得越来越重要。混业经营的认可，有助于提高资金使用效率，助推中国金融机构的蓬勃发展。

（二）金融工具结构变化

在 1979～1993 年间，中国金融市场上存在多种信用形式，直接融资工具开始增多。由于放宽了对经济活动中运用各种信用形式融资的限制，1993～2003 年间，融资结构开始走向多元化。国家信用、企业信用、消费信用和国际信用等多种信用形式已经逐渐被运用。2004～2014 年逐步形成了金融企业融资主导，融资工具多元化的新形态。与 2004 年以前相比，尽管人民币贷款的货币融资方式依然占据半壁以上的江山，但是其比例已经出现了较大下降。2003、2007 和 2014 年新增人民币贷款分别占当期社会融资总量的 82%、62% 和 62%。与此相对应的是，企业债券和其他类型贷款的占比出现大幅提升。其中 2003 年企业债券融资占当期社会融资总量的 1.5%，短短的 11 年之后，2014 年该比重上升为 15%，增长了 9 倍。包含外币、信托等的其他类型贷款比重也呈现上升趋势。由于 2008 年以来中国股市的一蹶不振，股票融资所占比重在近 5 年有所下降。

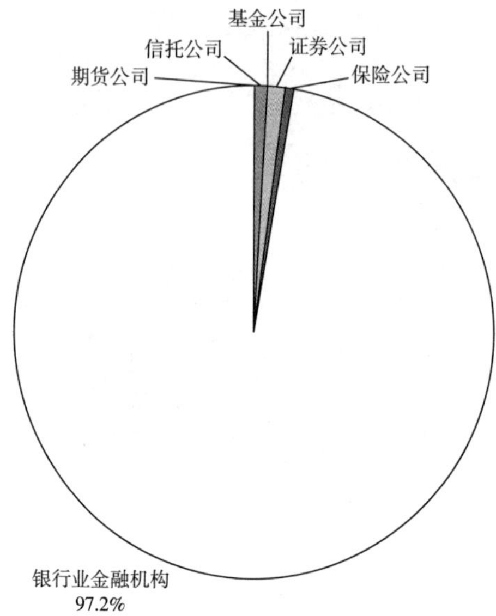

图 5－19　2013 年中国各类别金融机构总资产占比

资料来源：Wind 资讯。

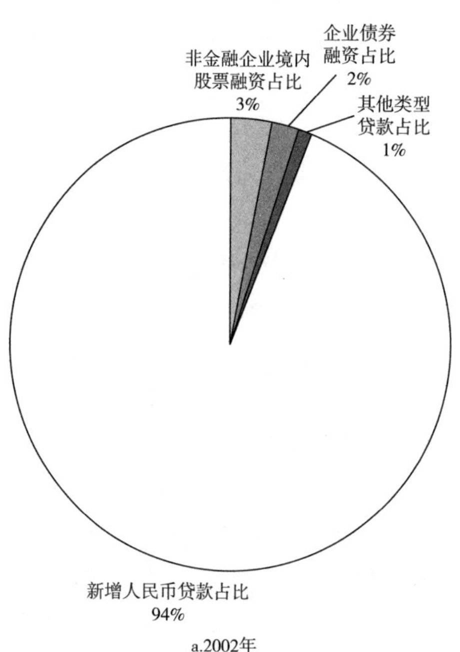

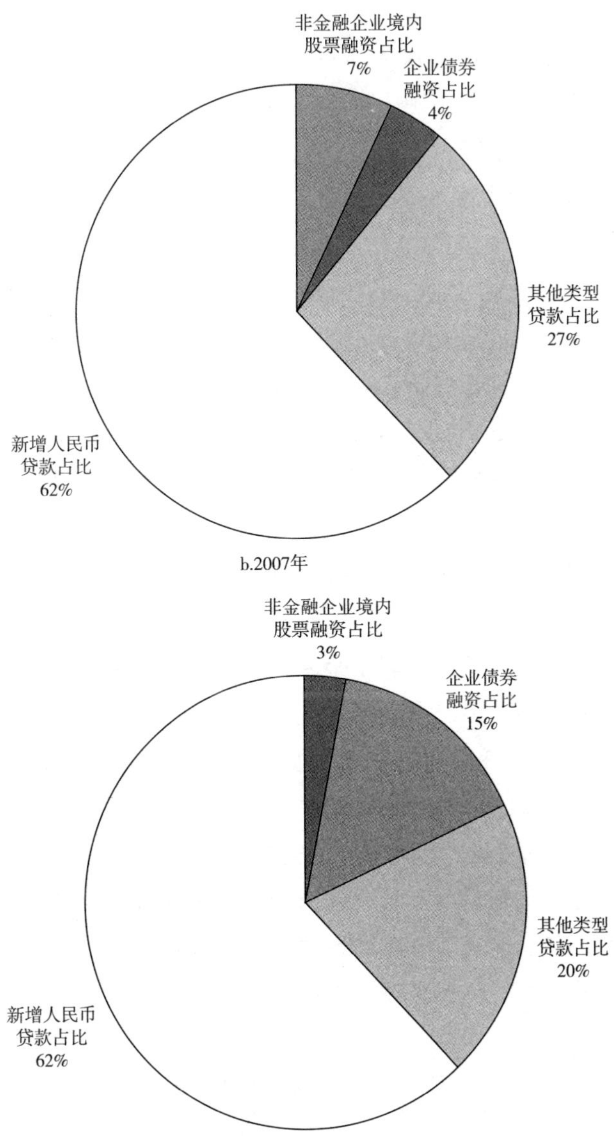

图 5－20　中国社会融资工具构成

注：①2002 年以前的信托贷款缺失；②其他类型贷款包括：外币贷款、委托贷款、信托贷款以及未贴现银行汇票。

资料来源：中国人民银行《2007～2014 年社会融资规模统计数据报告》。

三 中国金融监管：混业经营，多头监管

中国的金融监管体制建设大体可以划分为两个阶段：第一阶段是2004年股权分置改革以前，以中国人民银行为主的金融监管时期；第二阶段是股权分置改革之后，混业经营下的一行三会监管体系。

2005年的股权分置改革完成了资本市场所需要的体制性转变。2005年中央十六届五中全会通过的《关于制定国民经济和社会发展第一个五年规划的建议》，提出要稳步推进“金融业综合经营”试点工作，中国金融业再度进入混业经营模式。商业银行的业务和投资范围得到拓展，除在银行间市场承销买卖证券外，商业银行还获准设立基金管理公司、金融租赁公司以及信托投资公司，同时还得到银监部门投资或设立证券公司、保险公司的许可。保监会也放松了保险机构对其他金融机构的直接投资限制，允许保险资金投资于银行股权。

中国金融监管主要由国务院领导下的中国人民银行、银监会、证监会和保监会进行监管。2004年为了对金融部门进行全面、协调的综合监管，银监会、证监会、保监会共同签署了金融监管分工合作备忘录，明确各自监管职责范围和合作监管办法。同时，建立银监会、证监会、保监会的“监管联席会议机制”，讨论和协调有关金融监管的重要事项、新政策效果及其他相关事项。若监管政策变化涉及他方监管职责和监管机构时，还会通过“会签”的方式征询意见并协调。尽管这些举措可以在一定程度下保障监管相关信息的畅通、降低信息不对称的影响，但是随着混业经营的推进，导致金融业务不断创新、交叉业务不断增加，监管真空和重复监管的情况难以避免，提高了监管成本、降低了监管效率。

表5-4 中国金融监管机构

机构	主要职能
中国人民银行	主要制定和执行货币政策，对货币市场和外汇市场进行监督与管理。
银监会	负责统一监督管理全国银行、金融资产管理公司、信托投资公司及其他存款类金融机构。
证监会	依法对全国证券、期货市场实行集中统一监督管理。
保监会	统一监督管理全国保险市场，维护保险业的合法、稳健运行。

四　中国当前的金融结构与美国20世纪50－70年代有相似之处

现阶段，中国与美国金融结构的主要差异体现在：①发展阶段不同：中国仍处于金融培育期，还存在金融抑制现象，而美国则已经建立起品类齐全的金融市场，并存在过度金融化现象；②运行机制不同：中国金融结构属于银行主导型，而美国金融则属于市场主导型；③开放程度不同：由于资本市场尚未完全开放，中国金融部门相对封闭，而美国金融市场则完全开放，并在全球范围内具有定价权和影响力；④监管模式不同：中国采取混业经营、分业监管模式，而美国则采取分业经营、伞形监管模式。

中美两国的债券市场之间也存在较大差距：①2011 年美国债券市场托管余额约为 GDP 的两倍，而中国债券市场托管余额仅为同期 GDP 的 50% 左右；②存量结构上，美国的公司债券和资产证券化产品等直接债务融资产品占债券市场总规模的 60% 以上，而中国债券市场上国债、央票和政策性金融债依然是债券市场存量的主体。总体而言，中国债券市场发展势头良好，但与美国等西方国家相比还有较大差距。

尽管目前中国的金融相关度已经较高，并接近美国 20 世纪末的水平。但是，总体而言中国当期的金融发展阶段类似于美国战后 1950 ~ 1970 年这一阶段。中国金融机构开始从国有银行主导逐步向着商业银行业主导发展，但总体而言银行所占比重依旧处于高位。2010 年中国的银行业占据了金融机构总资产的 92.86%。融资结构逐步开始向着金融企业主导的多元化方向发展，2014 年新增人民币贷款仅为社会融资总量的 62%，远低于 2003 年的 82%。

第五节　小结

与美国相比，中国的农业就业比重仍然很高，中国城镇化的空间仍然很大；中国的第二产业比重明显高于美国，制造业当中的重工业比重有所提高，替代轻工业成为主导产业；中国第三产业的比重明显低于美国，并且中国第三产业仍以传统服务业为主，现代服务业的比重和劳动产出率较低。

中国当前的需求结构状况和美国 1950 ~ 1970 年的工业化平稳时期较为类似。总体的状况是投资所占比重较大且增速较快，消费所占比重相对较小增速也较快，净出口占比较大而增速放缓，面临调整。这一阶段宏观经济的特点是，中国处于工业化发展的平稳时期，增长放缓，经济波动增加，宏观稳定问题凸显，经济增长进入平台期，需要宏观整体调节带动经济的新一轮发展。

1978 年以来，受城乡差距和城镇内部差距快速扩大的影响，中国居民收入分配差距快速扩大，仅近年来略有放缓；受房产和金融资产比重快速上升和分配差距拉大的影响，中国财富分配越发不公平。目前，中国收入与财富分配差距均达到近 60 年来最严重程度，其中收入分配不公平程度也居世界前列。鉴于中国工业化未来十年将进入平稳期，收入与财富分配差距是否像美国同一阶段（1896 ~ 1929 年）那样在高位波动，有待观察。同样值得警惕的是，如果生产结构和需求结构不能有效调整，中国相应政治与社会结构中可能出现“富者越富、穷者越穷”的固化局面，最终陷入“中等收入陷阱”而无法自拔。

中国金融仍处于发育阶段，与现阶段的美国金融仍有较大差距。中国的金融机构、金融市场以及金融产品相当于美国 20 世纪 50 ~ 70 年代的水平。整体金融结构仍为银行主导型。在监管方面，实行混业经营、多头监管的模式。此外，利率市场化、汇率市场化等均未完成，市场化程度亟待提高。

第六章　中国宏观政策的演变：经济结构的影响

第一节　中国经济结构对财政政策的动态影响

在从计划经济向市场经济转轨的过程中，中国逐渐建立起了逆周期的财政政策调节机制。财政政策的宏观调控职能非常重要，在某些特定时段（如国际金融危机之后），财政支出及其配套政策甚至能够左右短期的宏观经济走势。固定资本形成是中国经济增长的重要源泉，大型基础设施（如交通运输设施）对于制造业生产网络的发展至关重要，因此中国的财政支出也非常重视基础设施等硬件投入；而在服务业为主的产业结构下，美国的财政支出更加注重研发、人力资本投资等软件投资。

美国税收政策的产业导向并不强（科技研发税收优惠除外），中国的税收政策是调整产业结构的重要政策工具之一，它与行政措施相配套，可以对产业结构形成很强的干预能力。

一　中国产业结构对财政政策的影响

（一）制造业为主的产业结构使宏观经济稳定性较低，财政政策逆周期调控职能较强

中国的第二产业占 GDP 的比重为 45% 左右，制造业、建筑业的比例很高，这种行业的波动性较大，而且电力、交通等基础设施容易对这种行业形成瓶颈约束，会给中国的宏观经济带来较大的内在不稳定性；中国制造业产品的销售大量依靠欧美外部市场，很容易受到外部冲击的影响。因此中国的产业结构赋予财政政策较强的逆周期调控职能。

从国际经验来看，各国财政支出与调控职能有很大差别，发达国家的财政支出/GDP只表现出轻微的逆周期性，宏观调控的作用不是很明显，财政支出的首要目标是解决中长期社会问题，为微观层面促进增长潜力，财政政策的逆周期调节职能较弱；部分发展中国家的财政支出/GDP表现为顺周期性，主要原因是这些国家在经济形势下滑时财政收入下降，受收入下降约束，财政支出和转移支付也会下降。因此发展中国家的财政政策往往表现为在经济繁荣期火上浇油，在经济衰退期釜底抽薪，逆周期调节作用相对较弱。这种国际经验可以为分析中、美两国的财政政策提供借鉴。

从图6－1的财政支出增长率与GDP增长率的关系可以看出，中国的财政支出的调节功能具有时变性。20世纪80年代中国处于计划经济改革初期，政府拨款本身是经济建设的重要部分，财政支出是高度顺周期的；20世纪80年代末至90年代初，中国拉开了分税制改革的大幕，财税体制处于调整阶段，财政支出与经济周期之间没有明显的规律性；20世纪90年代末中国经历了亚洲金融危机冲击和美国新经济泡沫破灭的冲击，21世纪初中国又出现经济过热，财政政策的逆周期调节作用有所凸显，中国初步建立起了财政政策调节机制。但是在2008～2009年国际金融危机爆发之后，中国经济受到空前剧烈的冲击，财政政策责无旁贷地承担起危机应对的职责，在这一时期，刺激性财政政策以及由其引发的配套建设对经济波动产生显著影响，之后随着刺激政策的退出和政府债务的积累，财政支出增幅下降，经济形势也有所回落，因此2008年金融危机爆发之后中国的财政政策又表现出

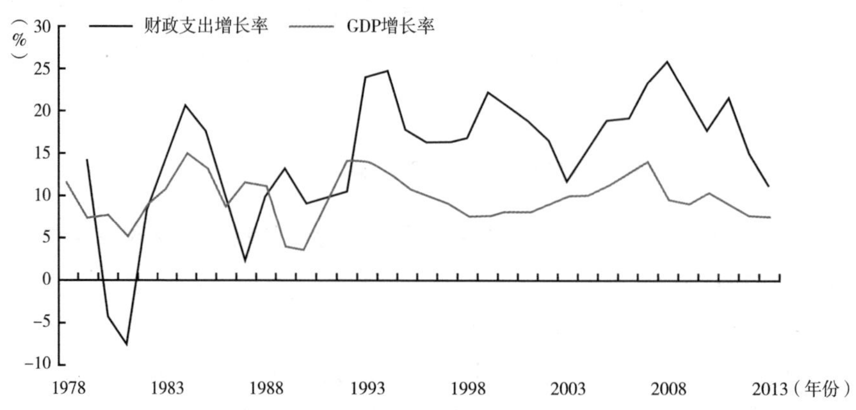

图6－1　财政总支出增长率与GDP增长率

资料来源：相关年份《中国统计年鉴》。

一定程度的顺周期性。上述历程的分析表明，中国财政政策有很强的机动性，在经济运行中的作用非常重要。

为了印证上文描述性分析得出的结论，笔者进行了进一步计算（表6－1）。在计划经济时期财政支出与经济周期的关系非常密切，相关系数高达0.74；1996～2006年中央政府初步建立起了逆周期调节机制以调控宏观经济形势，地方政府的逆周期调节作用并不明显；国际金融危机爆发前后，财政支出顺周期性又显著增强，说明这一时期财政支出以及相关配套措施左右了经济走势。

表6－1　财政支出增长率与GDP增长率之间的相关系数

时间段	全部财政支出	中央财政支出	地方财政支出
1979～1990年	0.739	—	—
1991～1995年	0.563	0.178	0.474
1996～2006年	－0.192	－0.512	0.280
2006～2013年*	0.865	0.528	0.308

*财政支出增长率滞后GDP增长率1年，其他均为同期。

总之，因为中国制造业比重较大，仍处于重化工业阶段，能源、交通等基础设施容易形成瓶颈约束，再加上中国的个人所得税体系比较薄弱，自动稳定器调节作用有限，在这种背景下，财政政策尤其是相机抉择的财政支出政策对于宏观调控的作用非常重要，甚至在危机时期可能成为左右宏观经济走势的主要力量。这一点与美国的财政政策所承担的使命是不同的。

（二）全要素生产率（TFP）对增长的贡献偏小，财政政策很看重硬件投入

中国与美国的经济发展阶段、产业结构、科技水平、经济体制不同，而且中国经历了从计划经济向市场经济的转轨过程，制度转型释放了生产力，带来了巨大的改革红利。因此中国经济增长的源泉与美国有较大不同。

作者引用刘明、李善同的研究与美国进行比较。从表6－2可以看出，改革开放以来中国TFP对GDP的增长贡献大约为36%，低于过去30年里美国TFP贡献的44%的水平，说明中国的经济增长更加依靠要素投入；两国更重要的差别在于，资本存量的增长始终是中国经济增长的主要源泉，在大多数时间里的增长贡献超过一半，而美国资本的增长贡献大约为30%。这种差别就会导致中美两国财政支出的侧重点有比较大的差别。

表 6－2　中国经济增长的贡献因素分解

时期	1978～1990 年	1991～2000 年	2001～2008 年	1978～2008 年
GDP 增长率(%)	9.02	10.56	10.46	9.8
贡献增长(百分点)				
资本	4.29	5.25	6.02	5.27
劳动	2.13	0.54	0.36	1.02
TFP	2.60	4.77	4.08	3.51
增长贡献(百分点)				
资本	47.6	49.7	57.6	53.8
劳动	23.6	5.1	3.4	10.4
TFP	28.8	45.2	39.0	35.8

资料来源：刘明、李善同撰《改革开放以来中国全要素生产率变化和未来增长趋势》，《经济研究参考》2011 年第 33 期。

中央政府的财政支出对科技研发和教育较为重视，两者分别占支出的 11.6% 和 5.4%，这种政策取向会促进科技进步，从而推动 TFP 和整体经济增长；但是中国的财政支出对交通运输、住房保障、资源勘查电力信息等事务、农林水事务等方面的支出比重非常之高，2013 年上述四项的合计约为 10.3%（表 6－3），而在金融危机前后的经济刺激时期，上述比例则高达 17%。

由此可见，中国的财政支出更加注意物理资源、硬件投入，而美国的财政支出政策更加注重人力资源以及软件投入。这种差别是两国经济结构差别的反映。

表 6－3　2013 年中国中央财政支出机构

单位：%

项目	比重	项目	比重
国防	35.1	住房保障	2.0
科学技术	11.6	外交	1.7
国债还本付息	11.3	其他	1.7
公共安全	6.3	国土资源气象等事务	1.3
教育	5.4	文化体育与传媒	1.0
一般公共服务	4.9	金融监管等事务	0.8
粮油物资储备事务	4.4	节能环保	0.5
交通运输	3.5	医疗卫生与计划生育	0.4
社会保障和就业	3.1	商业服务业等事务	0.1
农林水事务	2.6	城乡社区事务	0.1
资源勘查电力信息等事务	2.2		

资料来源：《中国统计年鉴 2014》。

（三）中国个人所得税的宏观调控作用较小，需要推行营业税改革以促进服务业发展

因为中国制造业、建筑业等资本密集型行业的比重较高，这些行业当中资本的收入份额会比较高。服务业尤其是现代服务业相对比较薄弱，因此中国的劳动收入份额比较低。目前中国劳动收入份额大约为 GDP 的 47%，显著低于美欧等发达国家的水平。在这种国民收入分配格局下，中国必须更多地依靠增值税、营业税等间接税税种，而个人所得税的作用比较小。随着中国产业结构未来逐渐向服务业转型，劳动收入份额会逐渐提高，中国的个人所得税对于保障政府财政收入、调节宏观经济的作用将会越来越大。

增值税、营业税主要针对企业的经营行为，直接影响企业的经营成本和投资导向，因而税收有可能成为中国调整产业结构的有力工具。比如 1994 年国家颁布《90 年代国家产业政策纲要》，1995 年颁布《外商投资产业指导目录》，1997 年颁布《当前国家重点鼓励发展的产业、产品和技术目录》，2005 年国务院颁布《关于发布实施促进产业结构调整暂行规定的决定》，同时发改委配套发布《产业结构调整指导目录》，国际金融危机之后颁布了十大战略性新兴产业振兴规划。这些规划都包含系统性的产业政策，包括行政审批、土地供应、环保评审、信贷等等多种措施，其中企业税收优惠政策是重要手段。

2012 年开始，中国拉开了营业税向增值税改革的大幕，从试点城市上海逐步推广到其他城市。很多服务行业过去都适用于营业税，如果转向增值税之后会增加进项税抵扣，从而整体上实现减税，这对于促进服务业尤其是现代服务业的发展是有利的。

美国的税收主要依靠个人所得税，个人所得税率的调整决策时滞较慢，对经济的刺激效果较为有限；中国的税收以增值税和营业税为主，可以直接作用到某些产业，可以有目的地引导产业的优胜劣汰。这说明中国财政政策的税收方面，作用空间也是比较大的。

二　中国需求结构对财政政策的影响

中国的财政政策在多数年份都处在积极和扩张的状态。需求结构对于财政政策的影响主要体现在两个方面。第一，虽然财政政策的主要目标是经济增长，但需求结构中存在的问题往往是财政政策的政策目标之一，即需求结构影响财政政策的政策目标。与美国相比，中国财政政策

目标对需求结构的关注更加明显和突出。第二，需求结构影响财政政策工具的传导机制并影响政策效果，进而财政政策工具选择会受到需求结构影响。

中国需求结构对财政政策的影响分析与美国部分的分析方法一致，本文通过梳理中国财政政策的历史演变，对照当时的国民经济需求结构状况，探析中国需求结构对财政政策的影响。

（一）1993 年之前计划经济时期的财政政策

1993 年之前，我国基本上属于计划经济时期，宏观调控主要靠计划来实现，大多采取行政性措施。真正运用经济办法、运用财政政策进行宏观调控，是在 1993 年我国开始建立社会主义市场经济体制之后。所以，这一时期需求结构对财政政策的影响也就无从谈起。

（二）1993 ~ 1997 年适度从紧的财政政策

这一时期，我国宏观调控的重点是控制通货膨胀。采取的主要措施包括：一是通过适当压缩财政开支逐步减少财政赤字，控制固定资产投资规模和社会集团购买力；二是通过税制改革，调整税种结构和税率，严格控制税收减免，清理到期的税收优惠政策，进一步规范分配秩序；三是实行分税制财政管理体制改革，提高中央财政收入占全国财政收入的比重，增强中央财政的宏观调控能力；四是整顿财经秩序，强化财税监管。

这一时期是中国社会主义市场经济体制初步建立时期，制度的改革大大促进了经济的发展，同时宏观调控的一系列政策取得了很好的效果。财政政策方面，根据国民经济需求结构状况确定政策目标并选择合适的政策工具，需求结构是财政政策目标和工具选择的重要影响因素之一。

（三）1998 ~ 2004 年积极的财政政策

1997 年爆发的亚洲金融危机波及我国，出现了供大于求、需求不足的问题，经济增长明显受到需求不足的制约，出现了通货紧缩。为此，党中央、国务院果断决策，实施了积极的财政政策，主要是通过发行长期建设国债、增加财政赤字、扩大政府支出，特别是增加投资性支出等来扩大需求，拉动经济增长。

这一时期的财政政策基本是根据国民经济需求结构存在的问题和不足制定相应的政策工具，需求不足和供大于求是消费结构存在的问题，为了刺激消费即制定了收入分配政策和调整税收政策。这说明，需求结构优化不仅是财政政策的目标，也决定了财政政策工具的选择。

（四）2005～2008 年稳健的财政政策

2005 年开始，财政政策取向进行了调整，由扩张性的财政政策转向稳健的财政政策。2005～2008 年，我国经济一直呈现快速发展的势头，对外贸易规模迅速增长，直到 2008 年发端于美国的“次贷危机”打破了这一格局。

总结这一时间段内我国的财政政策，国民经济需求结构的优化和存在的问题的解决不仅是财政政策的目标之一，同时也直接影响财政政策的传导机制和政策效果，进而影响财政政策的选择。

（五）2008 年之后积极的财政政策

金融危机之后我国的财政政策在关注和刺激经济增长的同时，也重视需求结构的调整，如对于三农支出的增加，以及保障房建设，都在一定程度上有利于加强社会保障和刺激消费，投资的行业特点也兼顾了调节投资结构中存在的问题。具体财政政策工具的选择，还考虑了需求结构下政策的效果，进而选择合适的政策工具。

财政政策是结构基础的、货币政策是市场基础的；货币政策是普惠的，选择性强；而财政政策选择性强，以结构调整为主。当一国经济的金融市场不够发达，利率弹性不足导致货币政策传导机制不畅时，宏观调节和治理需要以财政政策为主。

由于财政政策常常表现为政府的直接开支，因此不仅指向性很强，而且立竿见影，因而政府干预的色彩更强，只是财政政策的效果大小取决于财政乘数，财政乘数又取决于经济结构；而货币政策因为要通过利率等金融市场的传导，所以对金融市场的发育以及资金需求的利率弹性依赖程度比较大，或者说市场机制的色彩更强。中国需求结构的特点决定了财政政策的作用更加凸显，在危机刺激政策中占据了主导位置，不少看上去更像是货币政策的工具，如银行贷款，最终实际上都支持了财政政策的实施。

三　中国多数财政政策工具遏制分配差距的效果不明显

从宏观分配的指导原则来看，1949 年以来，中国收入分配制度经历了四个阶段，即平均主义阶段（1949～1978 年），倡导部分人“先富”阶段（1978～1992 年），效率优先兼顾公平阶段（1992～2002 年），效率与公平并重阶段（2002 年至今）。其中，从 1978 年开始，推行农村联产承包责任制，“交够国家的，留够集体的，剩下的都是自己的”[①]，鼓励“部分地区和部分人通过诚实劳动和合法经营先富起来”[②]。从20世纪90年代开始，允许部分地区部分人先富起来，以带动更多的地区和人们逐步达到共同富裕[③]；允许和鼓励资本、技术等生产要素参与收入分配，把按劳分配和按要素分配结合起来，规范收入分配，提供养老、医疗、失业保险和社会救济等最基本的社会保障[④]。2000年以来，建立和完善按劳动、资本、技术、管理等生产要素的贡献分配收入的制度[⑤]。

在近60年时间里，政府多数时候集中了大量的经济与社会资源，在宏观收入分配中占据主导地位。这对宏观经济政策产生了重大影响，形成了大政府主导经济运行的显著特征（无论是在计划经济体制还是市场经济体制下，多数时间都是如此）。在应对分配差距恶化问题时，大财政在财政收入与支出方面都有充分体现。

（一）调整农业税负在边际上会显著影响分配差距，但调整个人所得税和房地产税尚不能显著影响分配差距

调整农业税会显著影响农民收入水平。20世纪90年代，中国农业税负沉重，居民收入增长势头比20世纪80年代大大放缓，而城市居民收入则快速增长，扩大了全民收入分配差距。从2003年开始，政府逐步取消农业税[⑥]，增加农民收入，从而有利于缩小城乡收入分配差距。据财政部统计，农业税费取消以后，农民负担每年减少1300多亿元，人均140元。此外，2000~2010年中央财政累计安排农村税费改革专项转移资金5700多亿元。

个人所得税调整对收入分配的影响并不明显和清晰，甚至可能微乎其微。个人所得税改革主要影响城镇居民。近年来，个人所得税改革主要涉及个人储蓄存款利息所得和个人投资所得，具体措施如下。居民储蓄存款利息自1999年11月1日起征收20%的个人所得税，2007年8月15日起减按

---

① 1983年中央1号文件。

② 《中共中央关于经济体制改革的决定》，1984年10月；党的十三大报告，1987年。

③ 党的十四大报告，1992年；十四届三中全会报告，1993年。

④ 党的十五大报告，1997年。

⑤ 党的十六大报告，2002年。

⑥ 相关改革主要内容如下。2003年，国务院发布《关于全面推进农村税费改革试点工作的意见》，农村税费改革在全国范围内推开。2005年《中华人民共和国农业税条例》被废止，2006年《屠宰税暂行条例》和关于征收农业特产税农业税的规定被废止。近年来，政府对农民和农业给予大量税收优惠，如销售自产农产品免征增值税，农业技术服务免征营业税，农用土地不征税，农用拖拉机和渔船征收车船税。

5%征收，2008年10月9日起免征。个人投资者从上市公司取得的股息和红利所得，2005年6月13日起减按50%计征所得税。工资和薪金税（每月）计征起点在2005年10月27日、2007年12月29日和2011年6月30日从800元分别上调至1600元、2000元和3500元；工薪所得和个体工商户使用税率在2011年有所修订。个人转让限售股所得按财产转让所得，自2010年1月1日起，按20%征收个人所得税。房产税在上海和重庆的试点工作正在进行，但面临一系列问题。比如土地供应能力，土地批租抬高短期地价，却丧失未来巨额土地级差收益，开发商垄断制度和房地产登记制度的建立与健全。

总之，上述调整的收入分配效应同其他政策效应相互交织，表现得并不十分明显和清晰[①]。最重要的是，这些税在中央财政收入中的比重十分有限，不可能发挥很大的调节作用。

（二）政府投资追求动态平等理念，转移支付扩大了分配差距

通过公共投资，政府在不同地区践行先富带动后富的经济发展战略，追求动态平等理念。自1949年以来，政府多数年份在宏观收入分配中占据较多份额，使其有条件集中大量社会资源，通过投资支出，践行“先富带动后富”；阶段性地推行不同地区的发展战略，在一定时期扩大了收入分配差距，但在另一时期则缩小了收入分配差距，体现出追求“动态平等”的理念。比如，1979～1984年向农村放权，促进农村大发展；推行经济特区政策，推动以政府投资为代表的资金并劳动外资在20世纪90年代中期以前大量投向经济较发达地区。1999年以后，先后推行西部大开发战略（1999年）、振兴东北老工业基地战略（2002年）和促进中部地区崛起战略（2004年）。受此影响，东部GDP在1978～2005年间年均增长近12%，比东北、中部、西部地区分别高2.9、1.6和2.1个百分点，自2006年开始则低于其他地区1～2个百分点。

税收返还和转移支付制度扩大了收入分配差距。专项转移支付旨在发展，因而财力均等化程度低。一般转移旨在公平，但并非一般性转移支付的诸多子项目都具有均等化效应，如民族地区转移支付和定额补贴就明显扩大地区间财力差距。实证显示，1996～2009年，中央税收返还具有扩大财力

---

① 陈文东、刘佐：《税制改革对居民收入分配的影响》，《转折期的中国收入分配——中国收入分配相关政策的影响评估》，中国发展出版社，2012，第262～293页。

差距的效应，而专项转移支付和一般转移支付具有缩小收入分配差距的效应，且效应越来越大，总的净效应依然是扩大财力差距①。

（三）大政府滋生庞大隐性收入，恶化分配差距

经济资源配置和分配权力高度集中的机制，滋生了庞大的隐性收入。土地、资本和自然资源等目前主要控制在政府手中。处于这种分配体制顶端的部门与地区往往受益最多，低端部门与地区受益最少②。在垄断体制下，垄断部门的垄断收益（含企业利润）很容易被转换为部门职工的收入和福利③；政府机构和事业单位工资也出现类似特点，即工资率主要取决于可支配财政收入、部门创收和单位小金库，而非生产效率。2008 年，中国隐性收入达 9.3 万亿元，比 2005 年增长 72%，年均增长近 20%，高于同期名义 GDP 增速，相当于中国居民可支配收入的 52%（国家统计局的资金流量统计口径）或 66.4%（国家统计局的住户收入统计口径）④。

隐性收入显著恶化了中国的收入分配差距。以城镇最高收入和最低收入的 10% 家庭来看，其人均收入差距应从统计数据显示的 9 倍调整到 26 倍，而对全国居民而言，该指标将从 23 倍扩大至 65 倍。大量现象说明，隐性收入主要是围绕权力产生的，是与腐败密切相关的，往往通过集权敛财、窃用公共资金和公共资源而得（包括将公共资本转为私人资本），或虽来自市场但源于垄断地位。腐败和市场操纵让少数人牟取巨额利益，会加剧不平等。

总之，政府在宏观收入分配格局中多数时候处于主导地位，使公共投资、转移支付和社会安全网建设等财政支出手段同其他宏观治理手段（包括制度设计）成为中国政府调节收入分配最直接的手段，但从边际效应来看，部分财政政策尽管增长效应显著，却加剧了分配差距的恶化。

四　中国金融结构为地方融资平台建设提供了支撑

财政政策是国家经济、社会职能得以实现的重要手段，主要依赖税收、公共支出、公债、财政预算等工具加以调整。其中与金融结构关系最为紧密

① 岳希明、贾晓俊：《我国转移支付制度的现状和问题》，《转折期的中国收入分配——中国收入分配相关政策的影响评估》，中国发展出版社，2012，第 213～261 页。

② 陈志武：《代议制与市场：划分四类国家——收入机会的政治经济学》，《经济观察报》2006 年 1 月 2 日。

③ Knight, Johan and Shi Li, "Wages, Firm Profitability and Labor Market Segmenation in Urban China", *China Economic Review*, 2005, 16, pp. 205－228.

④ 王小鲁：《灰色收入与国民收入分配》，《比较》总第 48 辑，中信出版社，2010。

的属于公债，即国债和地方债。但是中国的国债发行目的主要是弥补国家财政赤字，鉴于平衡财政的理念，中国的国债规模相对有限。2012 年公共净债务规模约为 19.1 万亿元，约占 GDP 的 35.7%。同时根据预算法，地方政府并没有发行地方政府债券的权力，因此其规模严格受限。

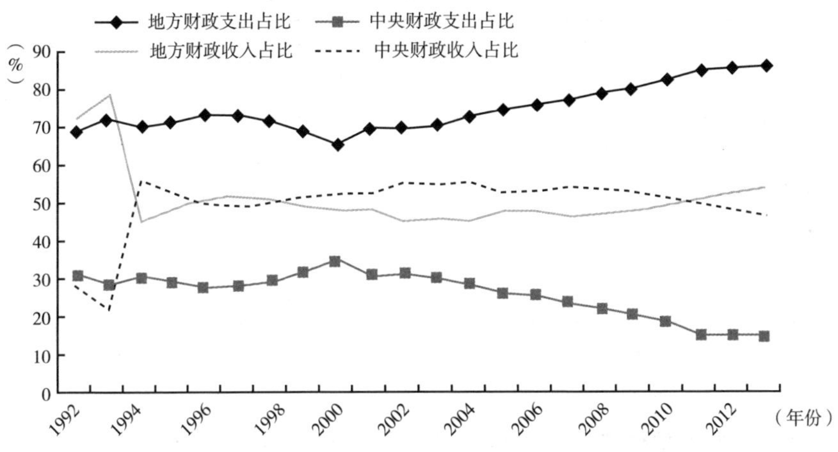

图 6-2　中国中央与地方财政收支占总收支比重

注：中央财政收入与地方财政收入之和为 100%；中央财政支出与地方财政支出之和为 100%。

资料来源：Wind 资讯。

（一）中国中央与地方财政分权改革

中国财政经历了三次大规模财政分权改革。1950～1953 年中央集中统一财政收支政策；1953～1958 年间，中央财政收入占总收入的 80%，占总支出比重为 75%，地方机动性和灵活性很小。1957 年开始，中央政府逐步实现财政权力下放；1994 年开始在多方妥协的基础上完成分税制改革；2003 年以后原划归地方财政收入的企业和个人所得税逐步演变成中央拿 80%，地方 20% 的新格局。分税制改革实现了全国财政收入占 GDP 比重和中央财政占全国财政比重的大幅提升，但同时也带来了地方财政短缺的问题。地方政府完成征税任务的同时还需要保障本地区的经济增长，使得地方财政支出负担较重，导致地方政府想方设法采取各种方式缓解财政融资问题，滋生出“土地财政”和“城投债”问题。

（二）地方融资选择

地方政府无法自行操作债券融资。1994 年颁布的《中华人民共和国预算法》第二十八条规定："地方各级预算按照量入为出、收支平衡的原则编制，不列赤字。除法律和国务院另有规定外，地方政府不得发行地方政府债券。"目前存在的少量地方政府债券都是由国家财政部代发的。

表6－4　2008年至2010年底4万亿元投资重点投向与资金

重点投向	资金测算
廉租房、棚户区改造等	约4700亿元
农村水电路气房等基础设施	约3700亿元
铁路、公路、机场、水利、电网等改造	约15000亿元
医疗卫生、教育文化等社会事业	约1500亿元
节能减排和生态工程	约2100亿元
自主创新与结构调整	约3700亿元
灾后重建	约10000亿元

资料来源：国家发展改革委员会，2009。

因此为了解决资金缺口，第一个选择是从银行信贷融资。中国人民银行统计数据显示，全国有3800多家地方融资机构，管理总资产达8万亿元。地方融资平台的项目融资资金85%依赖银行贷款，其他部分则依靠企业贷款和理财产品。地方政府主要通过设立地方政府投融资平台为城市建设筹集资金，而融资平台主要通过银行贷款融资，小部分通过发行企业债券融资。据银监会资料，到2009年6月末全国各省、自治区、直辖市及其以下各级政府设立的平台公司合计达8221家，其中县级政府平台公司4907家。中国人民银行2011年6月发布的《2010中国区域金融运行报告》显示，截至2010年末全国共有地方政府融资平台1万余家，较2008年末增长25%以上。银行对这些地方政府融资平台授信总额达8.8万亿元，贷款余额超过5.56万亿元，几乎相当于中央政府的国债余额。2010年全国地方政府债务资金79%来源于银行贷款。

地方融资平台还采取了"城投债"的方式融资。城投债是城市投资债券的简称，是指地方政府通过地方政府融资平台为城市基础设施建设融资而发行的一种企业债券。随着中国大型国有银行的主导地位逐步下降，股份制商业银行、城市商业银行等新型银行性金融机构逐步成长，为地方政府的"城投债"提供了融资渠道，而逐步壮大的债券市场则成为"城投债"企业债券的主要交易市场。

中国债券市场在过去十多年中增长迅速，债券发行量从1997年的0.4万亿元上升为2009年的4.7万亿元（不含央票），交易量则从1997年的1.7万亿元上升为2009年的122.1万亿元。2011年底，公司信用类债券市场余额为5.1万亿元，约为中国债券市场总规模的22.4%。2009年，为了配合4万亿的刺激政策，国家发改委为城投债放行，地方政府的强烈融资需求立刻得到释放，城投债的发行额与发行数量分别比2008年增加了215%和241%。2012年，保增长的任务又摆在了政府面前，于是城投债再次出现井喷，新增发行额达到5144亿元，新增发行数量为438只，分别比2011年增长了143%和150%，见图6-3。截至2013年1月18日，未到期的城投债数量为1444只，未清偿余额为18397亿元。

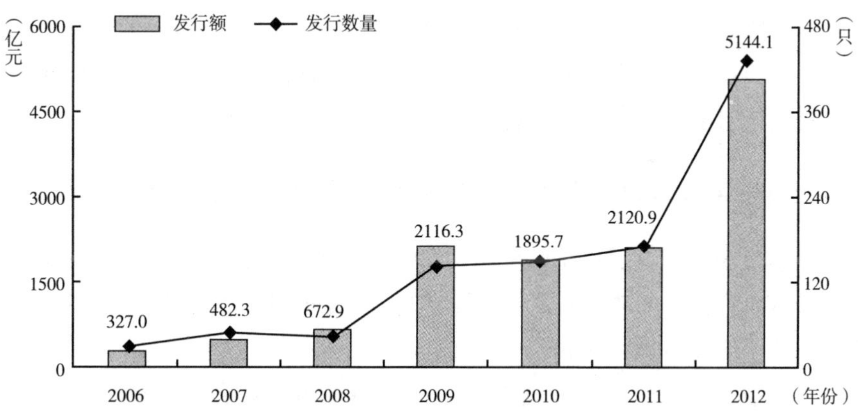

图6-3　城投债新增发行额与新增发行数量

资料来源：Wind资讯，作者估算。

中国地方政府的负债率近年来确实增长较快，但是较高负债率并不必然意味着会爆发系统性危机，还要看资产方的收益率，收益率高就还得起债务。未来5年，中国的GDP增速、财政收入增速很可能继续保持较高水平。对于提供公益性融资支持的城投公司，地方政府通常会授权其经营一些高收益项目，以覆盖城投债的还本付息负担。同时，地方政府以及中央政府将对部分经营困难的城投公司提供最后的支持。在中国目前分税体制下，衍生出来的地方政府融资困难通过地方融资平台加以缓解，总体而言对于中国经济的影响利大于弊。

但是，从中长期发展来看，应该把城投债转变为真正的市政债。培养成熟的债券市场，让地方政府成为明确的债券发行主体。这不仅能够扩大地方政府的债权融资能力，促进中国的城镇化建设，还能够强化地方政府作为债务主体的责任，从总体上提升地方政府的信用管理水平。当然，市政债的推出需要中国在财税体制改革方面迈出较大的步伐，因此可能难以在短期内实现。

第二节　中国经济结构对货币政策的动态影响

因为制造业比重较大，上下游商品之间的价格传导机制加强，在权衡经济增长（就业）和通货膨胀之间的关系时，中国的货币当局必须对通货膨胀始终保持高度警惕，即使是在经济衰退时期也是如此。因为中国也存在结构性失业，再加上城乡二元经济体制导致的人口流动问题，货币当局并没有像美国那样明确提出失业率目标。

一　中国货币当局对通胀始终保持高度警惕，不明确就业目标

与美国等发达国家相比，中国的第二产业比重较高，原材料、食品等价格对整体通货膨胀的影响较大，因此中国的货币当局并不看重核心通货膨胀，而是关注整体通货膨胀。

在改革开放之前，中国没有真正的货币政策，只有信贷计划和信贷政策。在价格体制改革基本完成、中央银行体系逐步建立之后，现代意义上的货币政策才逐渐引起人们的关注，其最终目标是物价稳定、经济增长、币值稳定和国际收支平衡。在改革开放初期，信贷规模曾经是最重要的货币政策中介目标，这种目标具有很强的行政指导性，后来随着商业银行体系的逐步完善，货币政策的中介目标逐渐转向货币供应量，但是该目标的效果并不理想，信贷规模控制手段在特定情况下仍然存在。

随着美国产业结构向服务业尤其是现代服务业倾斜，服务业对整体通货膨胀的影响作用越来越大；再加上产业结构转型增加了结构性失业，而工人工资增长缓慢又使得服务业价格增长缓慢，从而使得整体（核心）通货膨胀水平较低。因此在这种背景下，美联储更容易在经济复苏时期采取宽松货币政策刺激就业，相比过去宽松政策的时间大大延长，力度加大。

相对于美国等发达国家，新兴市场国家更容易受到通货膨胀的冲击，因此必须对通胀保持高度重视。中国制造业比重仍然很高，居民的恩格尔系数较高，食品、原材料价格对整体通货膨胀的影响很大，甚至在某些特定时期，猪肉这一种特定商品的价格波动就会左右消费者物价指数的走势，因此人民银行对整体通货膨胀采取了较为敏感的应对措施，这是与美联储货币政策取向的重要区别。

中国的制造业比较发达，对非熟练劳动力的需求有增无减，2003～2004年出现“民工荒”现象以来，企业对农民工的需求一直比较旺盛，农民工的工资上涨速度比较快。因为制造业主要依靠这种劳动要素的投入，所以工资与物价之间的传导机制正在逐渐强化。

从图6－4可以看出，中国的货币政策当局对于通货膨胀的反应程度可能并不一致，有时会出现领先或者滞后，但一般CPI的涨落都会伴随着同方向的利率调整。

在应对1997年和2008年两次经济严重下滑时，官方文件的措辞都是积极财政政策和“稳健的货币政策”，从来没有提扩张性货币政策，这与美国货币当局的提法是有区别的，中国货币当局始终对通货膨胀保持警惕。

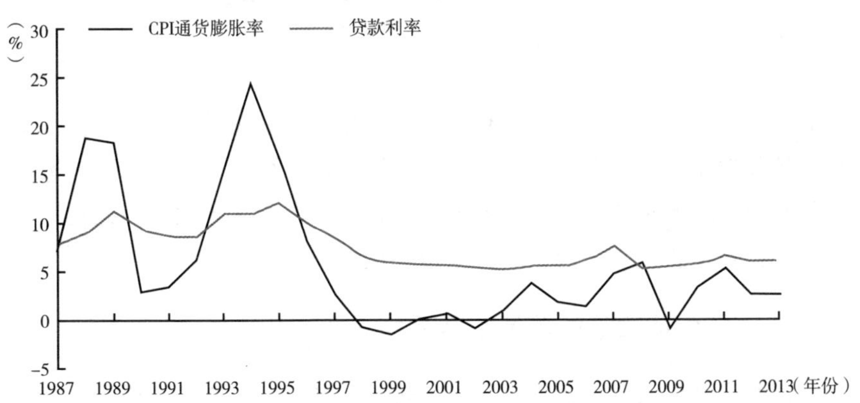

图6－4　中国贷款利率与CPI通货膨胀率

资料来源：IFS。

中国制造业和传统服务业的发展使得企业对非熟练劳动力的需求仍然较为旺盛，现代服务业的发展滞后又使得部分大学生就业面临困难，这使得中国的就业也存在很严重的结构性问题[①]。中国的就业统计非常薄弱，常用的城镇登记失业率指标并不能真实反映就业形势，大量的流动人口往返于城乡之间增加了就业统计的困难，就业统计难以为货币政策提供科学的决策依据。在这种情况下，尽管国务院的政府工作报告往往有新增就业人数的目标，但货币政策并没有明确失业率目标，货币政策与就业之间的关系是比较模糊和间接的。这一点从图 6 – 5 也可以看出，中国的利率调整与失业率之间基本没有关系。

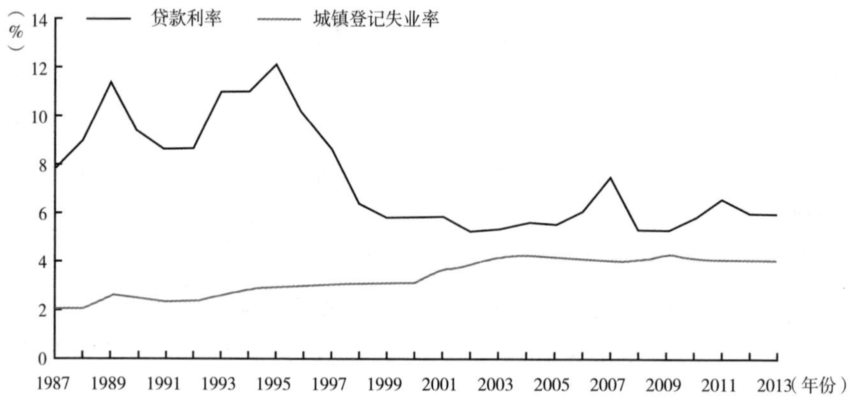

图 6 – 5　中国贷款利率与城镇登记失业率

资料来源：IFS。

总之，因为中美两国产业结构的不同，中国的制造业比重较高，经济增长仍然依靠要素投入，从原材料价格、工资到最终产品价格的传导机制较强，导致通货膨胀形成机制、失业的结构性问题与美国不同，因此使得货币当局在权衡通货膨胀和失业率时会采取不同的态度。

二　中国货币政策的数量工具更加重要

中国需求结构对货币政策的影响渠道有两条：一是需求结构的诉求直接反映于货币政策的目标，这在中国货币政策中表现得尤为突出，说明中国货币政策不是单纯钉住通货膨胀的；二是需求结构由于影响货币政策工具的传

---

① 这种结构问题跟美国有所差别，美国是对传统制造业的劳动力需求相对较弱，而中国目前对制造业简单劳动力的需求仍然很旺盛。

导会影响政策工具的效果，进而直接影响货币政策工具的选择。同样，我们通过梳理中国货币政策的历史演变，结合国民经济的需求结构，探究需求结构对货币政策的影响。

（一）1993～1997 年的紧缩货币政策

这一时期内，货币政策的主要目标是通货膨胀，对于需求结构的关注较少；而需求结构对货币政策传导机制直接的影响不大，主要通过间接渠道实现。故而总体上需求结构对货币政策的影响不大，主要通过间接影响货币政策的传导机制来实现。

（二）1998～2003 年东南亚金融危机后的稳健货币政策

1997 年下半年，东南亚金融危机爆发。从 1997 年至 2002 年初，中央银行七次调低人民币存贷款利率，两次调低存款准备金率，加大住房信贷投入，支持住房建设与消费，恢复并逐步扩大中央银行的公开市场业务的操作范围和强度，增加基础货币投放，扩大对中小企业贷款利率的浮动幅度。

这一时期内国民需求结构对货币政策的影响有两个渠道：一是需求结构的调整成为货币政策的目标之一，货币政策已经不是以主要维持物价稳定为目标，更重要的是调节经济增长和消费投资的结构。二是需求结构影响货币政策工具传导机制及政策效果，从而影响货币政策工具的选择。这点上，中国和美国差不多是一致的。

（三）2004～2008 年从紧的货币政策

这一阶段主要从两方面实施从紧的货币政策相关措施：第一，控制货币信贷数量作为首要目标和政策实施方向，运用各种主要货币政策工具加强货币信贷总量的控制；第二，在公开市场不断加大操作力度，以国债回购的方式加大降低银行体系流动性的强度。在相关金融宏观调控措施的综合作用下，货币信贷过快增长势头有所缓解，信贷结构得到了进一步优化，居民消费价格总水平涨幅趋缓，但总体仍处在不断上升阶段，特别是由房地产价格不断上涨所带动的相关行业物价水平上升，是这一阶段的经济继续向过热发展的一个前兆。

这一时期需求结构对货币政策的影响与之前相似，并没有特别之处，主要还是影响货币政策的政策目标和政策工具选择。

（四）2009 年金融危机之后适度宽松的货币政策

从 2008 年 9 月开始，受美国金融危机的影响，中国经济出现衰退的迹象，为了抵御金融危机的冲击，中央银行连续 4 次调低存款准备金率 2 个百分点至15.5%，连续5次调低金融机构存贷款基准利率，并2次下调中国人民银行对金融机构的存贷款利率。逐步调减中央银行票据发行规模和频率，通过开展公开市场业务来保持银行体系流动性的合理适度，稳定市场预期。同时，加强信贷政策引导，加强信贷政策与财政、产业政策的配合，加强对重点产业调整和振兴的金融信贷支持①。这一时期需求结构对货币政策的影响同样是通过对政策目标和政策工具的影响来实现的。

由于目前美国的经济金融化程度很高，金融市场和金融工具丰富，消费和生产对金融的依赖程度也大，尽管出现了流动性陷阱，但是货币政策在相当长的一段时间内仍然成了宏观政策的核心。而在中国，尽管依然处于工业化阶段，企业对外部资金的需求旺盛，但是由于金融市场和金融工具不发达，加之利率市场化程度也不高，因而货币政策的作用并不明显，特别是对大型国有企业和上市公司来说更是如此，因此货币政策也以数量控制为主，价格工具的使用频度不高。

三　分配差距降低了货币政策的效应，而货币政策对分配差距的缓解作用较小

如前所述，分配差距的恶化会降低货币政策的效应，反过来看，货币政策在治理中国收入分配差距方面，正面作用十分微小，负面作用却很大。

政府在国民收入中长期处于强势地位，导致货币政策主要服务于政府的发展计划，获益者主要是国有企业、国有银行和国家财政。中国经济尽管实现了从计划经济向市场经济的过渡，但“政府－市场”纽带关系一直处于探索和完善之中。目前，中国经济依然具有较强的国有企业、国有银行、国家财政“三位一体”色彩。政府在经济运行中处于强势地位，高度集中并配置主要资源，金融主要为政府的发展计划直接服务。在2012年金融机构贷款总额中，消费者占16.6%，小微企业占0.9%。消费信贷对象是否主要是低收入群体？尚不得而知。如果答案为“不是”，那么这显然无助于平抑收入差距过大对消费的负面影响。

金融市场不完备加剧收入分配差距恶化势头。金融市场不完备主要表现为金融抑制现象，主要形式包括存贷款利率限制和资本账户管制。中国官方利率比市场利率平均低50%～100%，且绝大部分低息贷款配置给政府和同政

① 陈秋池：《近十五年中国货币政策比较分析》，《北方经贸》2013年第11期。

府关系密切的国有企业。压低利率实际上形成了一种居民补贴政府和企业的财富分配机制，导致国民收入分配不断从居民向企业和政府倾斜。这种“穷帮富”的机制直接导致国民收入分配向政府和企业倾斜，加速居民财富向富人集中的趋势。同时，由金融抑制导致的低廉的资本价格诱导企业选择资本密集型技术，以资本替代劳动，直接降低居民在国民收入分配中所占的份额①。

信贷政策可继续发挥在促进经济增长方面的作用，不过要加大对非国有经济的支持力度，方可在改善收入分配方面发挥更大作用。在政府主导银行业运营、国有银行主导融资市场的环境下，这个期望不易实现。中央银行应完善信贷政策导向效果评估，继续引导金融机构加大对国家重点在建续建项目、“三农”、小微企业、现代服务业、新兴产业等的信贷支持。继续完善民生金融，努力支持就业、扶贫、助学等民生工程。落实好差别化住房信贷政策，切实保障居民住房的居住性需求和改善性需要。

总之，在宏观分配中长期处于强势地位的政府主导了货币政策的制定，并在其效应中同样占据主导地位，金融市场的不完备加剧了分配差距恶化势头。十分重要的是，要通过发展非国有金融机构，健全金融机构体系，以适应非国有经济的融资与发展需求。同时，结合货币政策与信贷政策，通过缩小金融资源分配差距来治理收入与财富分配差距。

四　中国银行主导的模式使针对货币量、银行系统直接调整的货币政策更有效率

（一）中国货币政策工具选择与金融结构影响

按照2012年周小川行长在财新峰会上的表述，中国的货币政策属于多目标制：第一稳定物价，第二推动经济增长，第三保持充分就业，第四维护国际收支平衡。多目标的体系既有一致性也存在矛盾性，由克鲁格曼的“三元悖论”可知多种货币政策目标在实施中往往无法同时实现，并会影响货币政策整体的实施效应。

货币政策的实施往往需要借助中间目标，如货币供应量、社会货币流通量、利率等指标来进行调节。中国金融结构相对单一，金融市场相对不发达，市场化机制还不完善，因此货币供应量成为最主要的中间目标。1984～1997年间，中国货币供应量主要依赖信贷规模以及流通中的现金（M0）加

① 陈斌开、林毅夫：《金融抑制、产业结构与收入分配》，《世界经济》2012年第1期。

以控制。这种货币政策工具直接且简单，具有立竿见影的效果，但也带来了“一放就热，一收就冷”的负面作用。1998～2002年中国的货币政策中间目标换成了M1、M2以及利率工具，以期影响企业和居民的投资储蓄行为。2003年以后，存款准备金、利率以及公开市场操作等工具成为主要的货币政策选择。总体而言，中国依然处于银行主导的金融体系结构中，因此对于银行的管控可以直接影响整个金融市场的流动性水平。相对简单的金融结构，也使得货币政策工具相对简单和明晰，且效果明显。

（二）金融结构对货币政策的影响

1. 金融结构银行化导致中国经济“高度货币化”

货币化进程反映了一个国家经济发展过程中的金融深化程度。麦金农（McKinnon）曾用货币供应量与名义国内生产总值比率的指标来分析发展中国家和发达国家金融深化的过程以及金融发展程度方面的差距，并认为低通胀和高利率政策将提高M2/GDP，而对于发展中国家较高的M2/GDP则有助于促进经济增长。如表6－5所示，中国自改革开放以来，货币化率持续上升，从1978年的31.8%上升到2013年的194.52%。而美国的M2与名义GDP之比则长期基本稳定在40%～70%之间。由于中国的M2/GDP比重过高，学界也流传着对于中国是否“超发货币”的争论。

表6－5　中国货币化进程与美国的比较

单位：%

年份	中国M2/GDP	美国M2/GDP	年份	中国M2/GDP	美国M2/GDP	年份	中国M2/GDP	美国M2/GDP
1978	31.80	59.55	1990	81.92	56.48	2002	153.75	54.28
1979	35.89	57.52	1991	88.84	56.35	2003	162.88	54.43
1980	40.54	57.38	1992	94.35	54.06	2004	158.94	54.07
1981	45.68	56.14	1993	98.71	52.18	2005	161.54	52.87
1982	48.65	58.69	1994	97.36	49.31	2006	159.77	52.82
1983	51.57	60.14	1995	99.93	49.05	2007	151.78	53.42
1984	57.52	58.73	1996	106.91	48.69	2008	151.31	57.72
1985	57.66	59.15	1997	115.22	48.38	2009	177.83	61.05
1986	65.41	61.25	1998	123.81	49.73	2010	180.78	60.78
1987	69.24	59.77	1999	133.70	49.53	2011	180.00	63.80
1988	67.14	58.70	2000	135.68	49.37	2012	187.59	64.91
1989	70.32	57.61	2001	144.36	52.80	2013	194.52	65.58

资料来源：中经网。

实际上，由于各国之间，特别是发展中国家和发达国家之间，金融结构的发展存在较大差异，用这一指标来研究货币化程度往往存在实际的困难。对于中国而言，这一指标的背后实际与中国金融高度依赖银行业密切相关。正如本章第二节所述，直至2010年中国的银行业依然占据了81.66%的金融资产份额。尽管目前已经出现了各种直接融资方式增长的趋势，但是银行信贷仍占据着金融市场半数以上的最主要融资工具的地位。融资手段的相对简单和依赖，使得中国的货币化进程与其他国家相比，货币化程度畸高。当金融脱媒程度提高后，资金可以绕开银行直接进行交易。因此一国的金融脱媒程度越高，其M2/GDP值越低。随着中国金融结构的多元化发展，M2/GDP比值高的现象将会有所缓解。

2. 中国金融结构变动趋势倒逼"利率市场化"

金融约束理论认为，包括限制存贷款利率在内的约束性金融政策，能够在银行业创造租金，对发展中国家金融体系稳定性和金融业发展至关重要。金融深化理论反对金融抑制与利率管制，认为金融自由化将推动金融发展和经济增长，实现投资最大化的目标，而利率管制会使经济发生扭曲。中国已经从改革开放政策中获得了30多年的发展红利，开放市场建设将使得利率市场化成为必然选择。

随着中国金融结构的成熟，如金融机构的完善、金融产品的丰富，中国已经出现了较大范围的金融脱媒现象。居民、企业对于银行信贷业务的依赖程度呈现下降趋势，直接融资以及商业理财需求则蓬勃发展，金融脱媒带来的非存贷款业务的规模和利润已经大大增加。这种现象已经成为倒逼中国银行业实现利率市场化的一种无形经济力量。利率市场化过程的完成将导致短期的货币调控政策工具发生变化。中央银行对于利率调控的效果，受到市场利率水平的制约，对利率直接调控的影响力下降。利率市场化后，利率可以成为一个市场应对外部经济冲击的缓释工具，有助于金融市场的稳定，也有助于经济的稳定发展，降低对货币政策调控的需求。

第三节　中国经济结构对宏观政策协调的动态影响

一　在应对衰退时果断提出扩张性财政政策，但货币政策仍然倡导稳健

中国的财政货币政策配合更为有力。与美国相比，中国的财政政策决策

时滞更短，可以很快对宏观经济形势做出反应，如2008年国际金融危机之后中国很快就推出了4万亿经济刺激计划，而美国到2013年仍然没有通过一个完整的预算，政党政治导致决策效率低下；因为中国处于重化工业阶段，基础设施仍然是短板，而且中国在体制上更容易集合各部门、各地区的力量，重大基础设施的建设进程相对更为顺利。因此财政政策往往以基础设施建设为侧重点，如1997年东南亚金融危机，2008年国际金融危机爆发之后的财政支出都采用类似的策略，都注重加大铁路、公路、机场等项目的建设。这种建设可以提高经济运行效率，降低交易成本，增强经济的供给能力。而美国的财政政策往往以税收政策为主，主要调整社会需求。如中国的财政支出政策往往要求银行配套信贷，政策意图可以得到全面贯彻，财政和货币政策的配合能够形成合力。

因为中国的产业结构当中制造业仍然占很大比重，食品、能源等价格波动往往对居民生活产生较大影响，因此政策当局对通货膨胀始终保持高度警惕。如在1997年金融危机之后，中央执行扩张性财政政策，但货币政策仍然提倡“稳健”，说明政策制定者对货币政策的放松是相对比较谨慎的。

二 财政政策可以通过建立社会保障制度影响需求和投资结构

我国需求结构中存在的主要问题有：①我国居民的消费率低，而储蓄率过高，不利于经济的增长；②经济增长过度依赖投资和出口，又以固定资产投资和劳动密集型产品出口为甚；③净出口方面，顺差较大，贸易发展不平衡。

这些问题的存在对财政和货币政策提出了要求，促使宏观调控不得不兼顾对这些结构问题的调节；同时，需求结构是从经济增长角度的分解，对需求结构的关注本身就属于经济增长范畴，在财政和货币政策目标中体现出来是完全合理与正常的。另外，不同的需求结构背景下，财政和货币政策工具的传导机制是不同的，即政策工具的效果不同，这会对政策工具的选择产生影响。

财政、货币政策的有效组合取决于各自的特点和差异，如货币政策具有“启动不灵、刹车灵”的特征，在扩大内需方面办法不多且效果有限。与货币政策相比，财政政策在解决结构性问题方面具有更大的优势。如通过建立完善的社会保障制度，减少居民的预防性储蓄，降低国内储蓄，从而提高居民消费水平。因此，我们必须寻求一个有效的财政政策和货币政策组合，使经济不仅能够维持高速增长，而且能步入一个平衡的增长路径。只有建立适合我国国情的财政、货币政策有效配合模式和协调机制，才能达到两大政策的最佳组合绩效。

以上的分析说明，需求结构对宏观政策协调影响很大。首先，需求结构本身就是财政和货币政策调控的目标和方向，需求结构是否合理以及呈现了怎样的特征与问题，都决定了财政和货币政策措施的选择。其次，需求结构会影响财政和货币政策工具的传导机制和作用效果，进而也影响到财政和货币政策的选择。再次，财政和货币政策的协调与有效配合需要充分考虑到需求结构的特征，合理地进行组合，才能够达到应有的效果。

三 治理分配差距要求直接有效的财政政策同效应均匀的货币政策相互配合

来自美国的经验显示，对于收入与财富分配差距的变动，货币政策并不是毫不相干的看客[①]。从收入与财富差距治理来看，稳定的货币政策是必要的。多年以来，为促进中国经济以较快速度增长，中国央行多数时候推行各种程度的宽松货币政策，对短期内经济增长无疑做出了贡献。但是，中国宽松的货币政策效应往往是通过不均衡的信贷资源分配来实现的，必然导致其增长效应是不均衡的。显然，这样的政策产生了中国分配差距的恶化的“副作用”。此外，鉴于通胀的“劫贫济富”效应[②]，货币政策应尽量将通胀稳定在较低水平。

问题在于，收入分配差距并不属于货币政策的目标之列，更谈不上是优先目标。因此，在中国分配差距扩大的治理活动中，如何协调中国的货币政策与财政政策，是中国货币政策制定者需要考虑的问题。

按中国政府“以先富带动后富”的理念，经济发展在某些阶段不可避免地会拉大收入分配差距。如果地区均衡发展的战略进展顺利并最终能够实现，收入分配差距的缩小也是可以期待的。经济体制改革以市场经济体制代替了计划经济体制，但经济利益也侵蚀了权力。财富与权力日渐紧密的结合，既恶化了收入分配差距形势，也严重阻碍了政府继续推进全面均衡发展

① Coibionet Olivier, Yuriy Gorodnichenko, Lorenz Kueng, and John Silvia, “Innocent Bystanders? Monetary Policy and Inequality in the U. S. ”, NBER working paper No. 18170. 2012.

② Piketty, T. , *Capital in the Twenty - First Century*, 2013, p. 455.

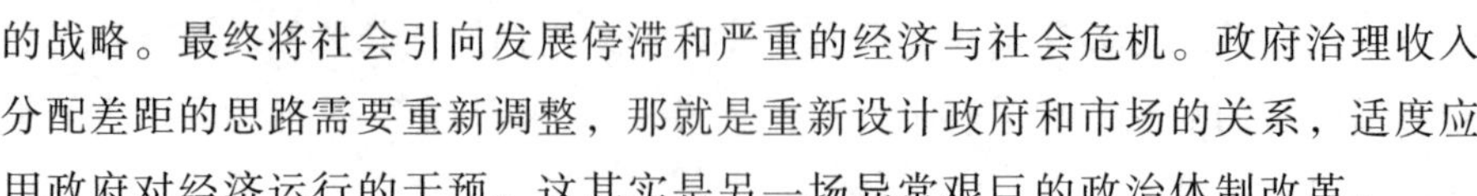

的战略。最终将社会引向发展停滞和严重的经济与社会危机。政府治理收入分配差距的思路需要重新调整，那就是重新设计政府和市场的关系，适度应用政府对经济运行的干预。这其实是另一场异常艰巨的政治体制改革。

四　中国金融结构发展不足制约宏观政策选择

（一）中国金融结构变化对宏观金融治理理念的影响

过去60年间，中国政府对于金融部门的治理基本以市场化改革为主导思想。完善市场结构，扩大市场规模，解除市场管制是基本的道路选择。一方面这与中国的基本国情相符合，另一方面也是中国逐步融入国际经贸体系中的必然。在近十年的政府工作报告中，经济结构调整和经济体制改革、提高对外开放水平和质量、科教兴国和可持续发展是出现频率最高的三个方面。

（二）金融结构发展不足制约宏观经济政策选择

健全的金融体系能够有效动员社会储蓄、促进投资、提高资金配置效率并推动产业结构升级和经济发展。在资金总量确定的前提下，金融活动越活跃，金融机构间竞争越激烈，资金就越会流向风险小、回报期短、盈利水平高的产业和地区，从而提高资金使用效率、改善产业间结构。经济发展又能提高对金融的需求，刺激金融结构的进一步完善。2012年中国的融资工具中仍以银行信贷（50%以上）为主，融资活动对于银行业的依赖程度较大。而1999年美国的融资工具中银行信贷类仅占35%，其融资方式更加多样、灵活，有助于提供较低的融资成本，提高资金供给效率。

对于大多数中小企业而言，商业银行能够提供的资金相对有限。活跃的地下融资管道已经成为中国东部沿海地区企业发展的主要资金来源。尽管地下融资的效率高，但其借贷利率也相对较高，在20%和100%之间。地下钱庄的繁荣折射出中国企业缺钱的现状，资金供给与资金需求者之间存在裂痕。

（三）中美金融结构发展异同与影响

宏观治理思想决定了金融结构的发展方向，同时金融结构的演变也受制于现有金融发展水平和内外部经济环境。就金融结构发展而言，中美之间存在几个重要异同。相同的地方在于，两国都处于混业经营时期，且都处于分业监管中。中美金融的主要差异在于：①运行机制不同，中国金融结构属于银行主导型，而美国金融则属于市场主导型；②发展阶段不同，中国仍处于金融培育期，还存在金融抑制现象，而美国则已经建立起品类齐全的金融市场，并存在过度金融化现象；③开放程度不同，由于资本市场尚未完全开放，中国金融部门相对封闭，而美国金融市场则完全开放，并在全球范围内具有定价权和影响力。

一国经济结构的调整都是从高新技术成果的商业化、产业化开始，并通过资本和资源的有效配置和利用促进经济社会产业结构的优化。处于创业初期的高科技企业往往对于资金的需求更迫切，但也更难得到银行信贷的支持。此外，股权、债权等形式激励约束机制的完善，能够推动“企业家”群体的成长。总之，就金融结构角度而言，中国还有待深化市场化改革，提高金融机构间的竞争程度，提供更多的金融融资工具。

第四节　小结

中国仍处于重工业阶段，宏观经济的内在波动性比较大，由于个人所得税体系不够完善，财政自动稳定器作用有限，相机抉择财政支出政策对于宏观调控的作用非常重要，而且中国当前的财政支出更加注重对物理资源和硬件的投入。以制造业为主的产业结构、以要素投入为主的增长模式使得中国上下游价格传导机制较强，货币当局始终对通货膨胀保持警惕，货币政策没有明确提出就业目标。

中国需求结构的特点决定了财政政策的作用更加凸显，在危机刺激政策中占据了主导地位，不少财政政策看上去更像是货币政策的工具，如银行贷款，最终实际上都支持了财政政策的实施。同时，金融市场和金融工具不发达，加之利率市场化程度也不高，因而货币政策的作用并不明显，特别是对大型国有企业和上市公司来说更是如此，因此货币政策也以数量控制为主，价格工具的使用频度不高。

中国分配差距降低了货币政策的效应，而货币政策对分配差距的缓解作用十分微小，甚至是负面的。政府在国民收入中长期处于强势地位，导致货币政策主要服务于政府的发展计划，获益者主要是国有企业、国有银行和国家财政，这无疑会加大非国有部门同国有部门之间的分配差距。金融市场不完备加剧了收入分配差距恶化势头。总的看来，在宏观分配中长期处于强势地位的政府主导了货币政策的制定，金融市场的不完备加剧了货币政策增长效应的不均匀分布，恶化了分配差距。要大力发展非国有金融机构，促进金融资源向非国有经济主体倾斜，且货币政策要同信贷政策结合起来，通过缩小金融资源分配差距来治理收入与财富分配差距。治理分配差距要求直接有效的财政政策和效应均匀的货币政策相互配合，但中国的财政与货币政策在治理分配差距的协调方面并没有什么经验。

财政政策中与金融结构相关的领域是国债和地方债。地方政府以地方融资平台为桥梁，进行信贷和债券融资，项目融资资金 85% 依赖银行贷款，其他部分则依靠企业贷款和理财产品。随着中国大型国有银行的主导地位逐步下降，股份制商业银行、城市商业银行等新型银行性金融机构逐步成长，为地方政府的“城投债”提供了融资渠道，而逐步壮大的债券市场则成为“城投债”企业债券的主要交易市场。

中国金融结构高度依赖银行业，也导致货币化进程（M2/GDP）比重较高。随着金融结构的成熟，如金融机构的完善、金融产品的丰富，中国已经出现了较大范围的金融脱媒现象。中国属于政府主导下的开放市场经济，由于金融结构的不完善，进一步带来资源分配和价格发现功能的相对薄弱，并抑制了产业结构的自我完善功能。在合理监管适度放松的基本思想下，中国的金融结构还存在较大提升空间，这也为未来中国在宏观政策协调、促进产业结构方面的自发性良性调整方面创造了条件。

第七章　中国未来经济结构与宏观治理

第一节　中国未来经济结构的展望

一　中国未来产业结构展望

从美国和其他国家的历史经验来看，随着中国的经济发展和科技进步，在国际分工中的比较优势会逐渐发生变化。发达国家的历史发展过程值得中国借鉴，中国的产业结构将逐渐合理化和高级化，尽管这一进程可能是缓慢的。

（一）中国城镇化的空间仍然很大

从美国的历史经验看，农业占 GDP 的比重已经下降到 1%，并且处于相对稳定的水平。改革开放以来，中国农业的产出比重逐渐下降，从 32% 下降到 10%。但是根据美国的经验看，中国农业增加值比重下降的空间仍然很大。

如果对中美两国农业就业比重进行对比，则会对两国产业结构的差异产生更深刻的印象。美国农业就业比重已经降低到总就业的 0.9%，并保持在相对稳定的水平。而中国农业就业出现了剧烈下降，从改革开放初期的 68% 下降到 2013 年的 31%。即使每年下降 1 个百分点，到 2020 年农业就业仍然达到 24%，远高于美国的 0.9%。这说明了农村问题的重要性，但也从另外一个角度印证了中国的城市化潜力。

现代化的前提是农业的现代化，农业在释放出大量的剩余劳动力的同时要保持农产品产量的持续上升。中国的家庭联产承包责任制对于提升农业曾经发挥了重大作用，但是随着农业机械化、集约化发展，这种小规模经营成

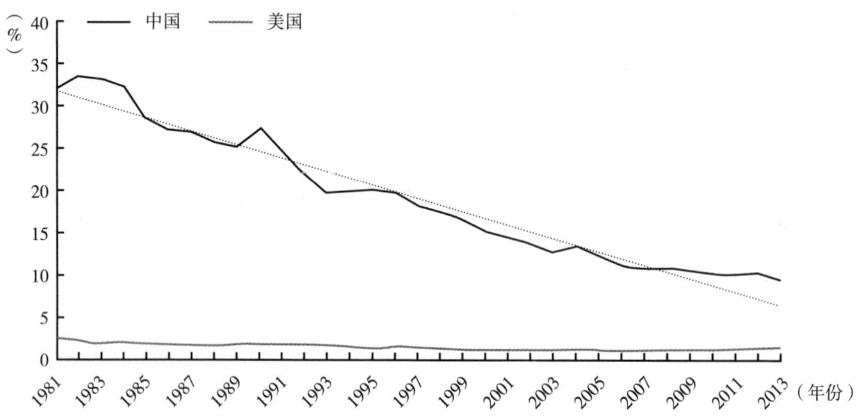

图 7-1　中美两国第一产业增加值比重对比

资料来源：美国经济分析局、相关年份《中国统计年鉴》。

为新的制度瓶颈，如何在现有的制度框架内实现农业的大规模生产（如农村合作社经营），将是中国政府面临的重要挑战。

随着中国人口流动的长期化和家庭化，以及户籍制度改革的推进，农业在总就业中的比重将持续降低；但是农业对于保障粮食安全、维护农村稳定仍然有重要意义，农业在国民经济中的基础性地位将不会改变。中国农业基础设施的历史欠账仍然很大，政府应继续倾斜政策；中国农业的科技水平与发达国家仍有很大差距，这方面的投入仍然需要持续加强。

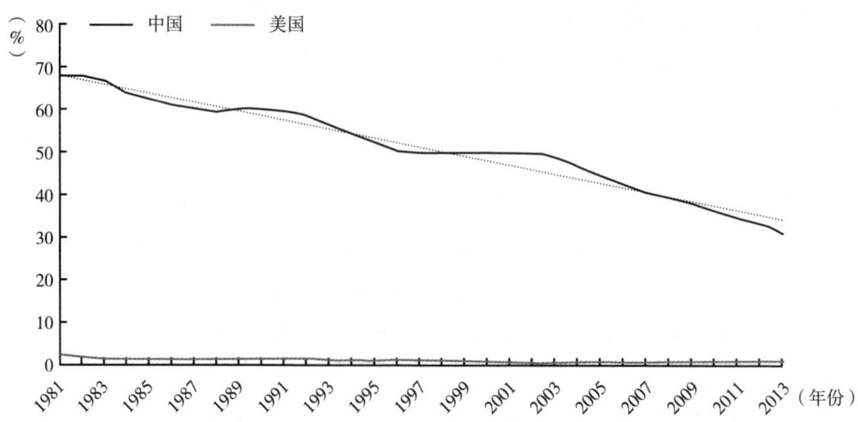

图 7-2　中美两国第一产业就业比重对比

资料来源：美国劳工统计局、相关年份《中国统计年鉴》。

（二）中国制造业仍然是主导产业，但生产效率有待提高

中国的工业仍然处于扩张阶段，内部结构将不断调整。随着比较优势的变化，中国轻工业的比重已经逐渐下降，这一趋势将继续下去。重工业的作用日益重要，但是重工业带来了越来越大的环境、资源压力，重工业内部结构不合理，必须进行调整。中国的制造业将继续向全球价值链的高端攀升，但取决于自主创新能力和科技的发展，未来的道路仍然可能是缓慢的。

同其他发达国家一样，美国经历了明显的去工业化历程，但也引起了失业、产业空心化、国际收支失衡等问题，因此在金融危机之后提出了制造业复兴的战略，试图矫正过度去工业化带来的负面影响。对于中国而言，未来是否必然进入去工业化阶段是值得研究的课题。

作者计算了第二产业劳动生产率相对于总劳动生产率的比值（相对劳动生产率），发现美国第二产业的相对劳动生产率出现缓慢上升态势，这种上升从 20 世纪 90 年代末开始显著加速。在美国的制造业当中技术进步比较快，资本代替劳动的现象比较明显，尽管存在去工业化进程，但制造业的生产效率是大幅度提升的。中国第二产业的相对劳动生产率是比较稳定的，但是从 2002 年开始下降，这说明中国工业的繁荣在很大程度上依靠劳动密集型产业。

制造业是一个国家整体技术进步的核心产业，未来中国的制造业如何实现集约式增长，提高生产效率是一个重要挑战。

（三）中国的现代服务业是未来的主要增长点，需要克服行业垄断问题

中美两国的第三产业比重都处于缓慢上升态势。按照“十二五”规划，中国第三产业增加值比重预计 2015 年达到 47%，如果每年增加 0.9 个百分点，2020 年前将达到 51.5%，仍然低于当前美国 79% 的水平。

中国服务业的发展起点很低，因此仍然是一个值得加强的领域。随着生产社会化和科技的进步，生产性服务业对于提高生产效率的作用会日益增大，交通、金融、信息、咨询、法律等行业的增长潜力仍然是巨大的，电子商务、新型物流将是服务业的热点。生产型服务业能否取得实质性进展，在很大程度上取决于科技和教育的发展速度。

随着中国居民收入的不断提高，恩格尔系数将不断下降，需求层次将逐步提高，因此对生活性服务业的需求也会逐渐增加。这些因素都将推动生活性服务业的发展，比如旅游、餐饮、娱乐等等。从美国的经验看，生活性服务业的劳动生产效率是比较低的，因为这种服务很难实现资本深化和技术替代，但是这种行业是满足居民需求所必需的，对于扩大就业也有着非常大的优势。

中国服务业垄断性仍然很强，比如教育、医疗、金融等行业尤其明显，但中国的反垄断进程缓慢，这将是未来服务业发展的重要挑战。美国对于反垄断已经有比较成熟的经验。

二　中国未来的需求结构展望

按美国的经验，中国目前的需求结构与美国在1950～1970年的工业化平稳时期的结构相似，但由于结构依赖和调整的黏性，未来会缓慢优化。

（一）净出口比重最先下降，消费比重缓慢上升，投资比重缓慢下降

未来十年，中国消费比重会逐步提高，而投资和出口的比重会下降。目前，由于全球金融危机和“欧债危机”的影响，出口比重已经在逐步减少，且贸易在逐步走向平衡，净出口比重的调整最先开始。消费比重的提高可能较为缓慢。投资在短期内还会是经济增长的重要动力，但长期作用也会逐步下降。

（二）服务和高端制成品比重将较快上升

中国目前的消费主要集中在食品和基本需求方面，服务和高端制成品需求占比很小，但未来将较快提高。

（三）私人投资比重逐步上升，研发和消费等行业以及资本和技术密集型制成品投资比重上升

其一，中国政府投资比重会逐步下降，而私人投资所占比重逐步提高，成为投资的主导者。其二，行业结构会不断升级，研发和消费等行业比重增加，纯粹的制造业比重下降；而在制造业内部，劳动密集型产品比重会下降，而资本和技术密集型产品比重会上升。

（四）出口比重相对下降。在出口中，加工贸易、货物和发达国家比重会下降；在进口中，资源、技术、奢侈品、服务比重将增加，一般性商品进口比重短期下降但中长期内增加

第一，出口相对规模会下降，而进口的相对规模会逐步提高，贸易将会逐步走向平衡。第二，在出口结构上，一般贸易的比重会逐步提高，而加工贸易比重会下降；货物贸易比重会下降，而服务贸易比重会提高；对发达国家的贸易比重会下降，而对新兴市场国家和发展中国家的贸易比重会提高。第三，在进口结构上，对资源、技术和高档奢侈品等进口会增加，而短期内

一般性商品进口会有所下降；对服务进口的需求会不断提高；等到中国产业实现升级和转型后，中国对一般性商品的进口需求会增加。

三　未来十年中国分配差距扩大势头将放缓，在高位波动的可能性较大，相应治理任重道远

（一）分配差距扩大势头将放缓

随着工业化任务逐步实现，中国产业结构演进的步伐将大大放缓，这将有助于阻止收入分配差距扩大的步伐。按照库兹涅茨的倒 U 形假说，中国目前尚处于产业结构变动较快、收入分配差距持续扩大的阶段。到 2020 年，第一产业在国民经济中的比重将继续下降，大量农村劳动力仍将继续转移到非农产业，包括制造业和服务业。就业压力仍将是未来十年中国政府面临的巨大挑战。这也意味着，作为中国收入与财富分配差距的主要来源，城乡差距未来十年可能难以明显缩小。

（二）分配不平等可能会较长时间在高位波动

服务业的开放与制造业的升级是缓解就业压力的有效途径。农业劳动力的转移为城市化的推进继续提供动力。未来十年城市化发展的产业支柱之一是服务业，必须通过开放来促进城市服务业的发展。中国虽已贵为“世界制造中心”，解决了大量就业，但中国制造业的增值率较低，未来十年的主要目标是制造业的升级，提高增值率。为最大化利用比较优势，制造业内部诸行业的转型升级，应尽量根据劳动力人群的素质分布，采取渐进升级模式，即非熟练劳动力较多的部分地区可继续发展低端产业并缓慢升级，熟练劳动力较集中的先进地区可尽快转型或升级发展高端产业。与制造业的渐进升级相适应，生产性服务业（教育、金融、IT、物流等）要大力尽快发展。未来十年的上述产业升级态势，将促进中国人均收入水平继续提高，但收入与财富分配差距目前可能正在到达某个“高原”，随后将在较高水平上起伏波动，这个过程会延续多久，是否会像美国一样有 50 年（1880 ~ 1929 年），尚待观察。

此外，由于起点和过程中存在较为严重的不公平现象，随着私人资本/资产的不断积累，财富将越来越多地集中在亿万富翁和百万富翁手里，加剧财富分化势头。

（三）完善要素市场，破除国有经济垄断地位，有助于分配公平化

收入分配差距走势将部分取决于中国的金融市场发展程度。中国经济未

来如果像美国那样高度金融化，甚至过度金融化，将导致资产价格大幅波动。如果资产分配再不平等，收入与财富分配差距就可能大幅波动，甚至长期高度不平等①。尤其是中国房地产业的不均衡发展，可能加剧中国财富分配差距恶化的势头。

要素市场机制的演变，将对未来十年中国分配的趋势产生重要影响。利率市场化机制建设，信贷资金的分配机制，资源类生产要素的价格决定机制改革与相应市场的开放，是否能够缓解过去30年里分配差距的恶化，将十分关键。这部分改革，事关意识形态取向和政治体制重构，未来十年可能难以明显突破。

国有企业同民营企业之间的竞争藩篱有待打破，否则将扩大收入与财富分配差距。目前，许多行业的国有企业凭借垄断力量，分享了市场发展的主要好处（包括通过福利收入生产成本化的方式，使职工收入“灰色化”），但就业贡献最大的民营企业却仅分享小部分的经济增长“蛋糕”。垄断性企业同充分竞争性企业之间的收入分配差距，仍将是中国收入与财富分配差距较大的重要组成部分。

（四）分配差距治理任重道远

2013年2月3日，《关于深化收入分配制度改革的若干意见》（以下简称《意见》）由国务院发布，充分强调了分配制度改革的重要性和艰巨性，提出了改革的总体要求和主要目标，明确了初次分配和再分配机制的改革要点。

继续用增长战略拓展分配调整的政策空间。《意见》指出，仍将坚持“在发展中调整分配结构，努力实现居民收入增长和经济发展同步”的思路。这是一种动态调整分配思路，符合中国过去30年改革的指导思想和路径。

着力创造公开公平公正的体制环境。为此，国有企业垄断的部分市场可能对民营企业开放，但开放程度是否足够以及银行对信贷资金的分配机制改革能否相应跟上，有待观察。

继续完善初次分配机制。初次分配主要参照要素参与生产过程的贡献。要改革和完善要素定价机制，包括最低工资机制、劳动报酬确定机制（劳

① Lin, Ken - Hou, "Financialization and US Income Inequality, 1970 - 2008", http://ssrn.com. 2011.

动报酬增长和劳动生产率提高同步）、资源定价机制、环境成本分担机制，资本市场开放尤其向民营企业的开放，金融市场对外开放（如改革资本项目自由化和汇率形成机制）等，都是较难的改革问题。这是决定未来中国收入分配差距走势的重要方面。

加快健全再分配调节机制。主要手段包括税收、社会保障和转移支付。中国的再分配机制当前存在不少问题，比如社会保障网不完善（失业保障有待加强），主体一定程度的错位（住房、养老等保障收益中，部分本该由弱势主体分享，却由高收入"蛀虫"钻空子攫取），对居民家庭的直接转移支付可能需要更多些（比如对困难家庭教育、发展扶助等）。

综合来看，上述种种宏观治理举措可能会一定程度地遏制未来十年中国收入分配差距扩大势头，但强力逆转的可能性不大。

四　银行业仍将主导中国金融业，经济仍将高度货币化

（一）2020 年，银行业仍将主导金融业

1993 年以后，中国金融结构已经逐步形成了银行主导的金融体系，并建立和完善了分业监管模式的金融监管体制。其中，在动员存款、分配资产、投资决策以及提供风险管理工具方面，银行扮演着重要的角色。而在美国，金融体系主要依赖有价证券市场和金融机构来发挥巩固社会储蓄、实施金融公司控制以及降低管理风险等的作用。

预计到 2020 年，中国金融仍属于银行业主导类型。首先，银行业主导型金融有利于国家对于流动性的管理与调控，在七八年内快速转型成为市场主导型金融结构并不现实。其次，中国产业优势在于制造业，尽管未来的新增长点未必还在制造业，但十年内中国金融仍将扮演辅助支持角色，而非成为国家的核心产业。银行主导的金融体系在防范金融短期风险方面能力更强、稳定性更好。

（二）经济仍将高度货币化

由于金融高度依赖银行融资系统，中国经济货币化倾向仍将保持在高位。在过去 30 年间，中国的经济货币化程度发展迅猛。中国 M2/GDP 在 1978 年仅为 31.8%，1990 年增至 81.9%，2013 年增至 194.52%。未来十年仍将提高，但增幅将减小。由于国有银行主导金融业，非国有经济获得的金融资源大大少于国有经济，制约了中国经济的发展。美国在 20 世纪 70 年代以前就已经基本完成金融脱媒化过程，并形成了成熟的金融资本市场，其

M2/GDP 长期稳定在 50% ~60% 区间。

2020 年之前，中国不仅在债券市场与股票市场等传统融资渠道方面有较大发展空间，同时多个新兴融资渠道的发展值得关注。资本市场交易活跃，财富效应显现，以基金、保险等为代表的非银行金融机构为投资者提供了日益丰富的投资渠道，成为传统负债业务的有力竞争者。

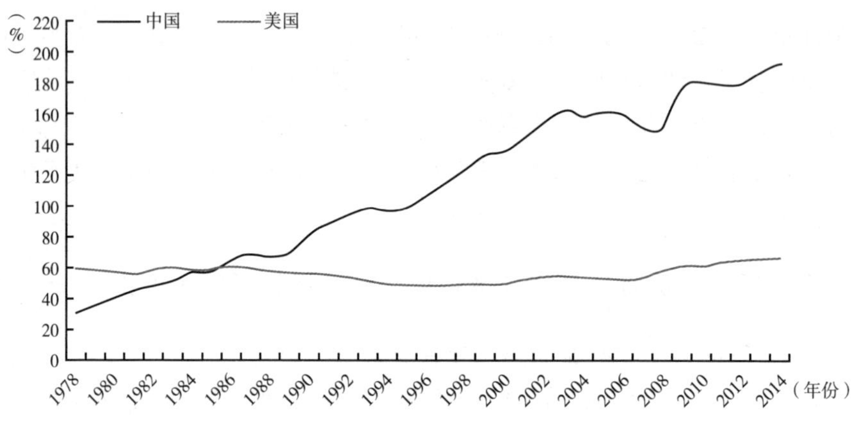

图 7-3　中美 M2/GDP 变动趋势比较

资料来源：中经网。

第二节　中国未来宏观治理的展望

一　中国未来财政政策的展望

（一）基础设施建设仍然有较大空间，但财政政策应逐渐向民生和科技领域倾斜

中国财政政策的空间仍然很大。由于城市化进程远未完成，基础设施投资的空间仍然很大。这种投资能够产生短期的需求，而且能够从中长期改进经济的供给，因此基础设施仍将是财政政策的重要关注点。从美国的历史经验看，建筑、基础设施建设的力度将逐渐削减，在这个过程中需要调整基础设施建设的节奏，保持适度的前瞻性。

财政政策向民生领域倾斜将是未来的趋势。按美国的历史经验，中国的社会保障、教育、医疗等方面亟须加强，这将有利于促进中国生活性服务业的发展；财政政策向科技领域倾斜将大大提高中国生产性服务业的发展，并促进生产性服务业与制造业的融合提高。

（二）中国未来财政政策要促进需求结构优化

中国未来需求结构的主要特点是：结构不断优化，消费占比和份额不断提高，而投资和出口的份额有所下降。具体结构上，消费的质量和层次不断提高，对服务和高档消费的需求会增加，而基本生活需求的消费会下降。投资中私人投资份额提高，而政府投资份额下降。对外贸易上，增长速度会放缓，贸易顺差会下降，一般贸易比重提高，服务贸易进一步大幅发展。

根据未来需求结构的特点，以及不同结构下财政政策的传导机制和实施效果，得出在需求结构下中国未来财政政策具有以下特点：第一，财政政策工具的目标是经济增长和充分就业，尤其以经济增长为重，这一原则不会改变；第二，财政政策的工具主要有税收、政府采购、转移支付等。显然，税收将是中国未来财政政策的主要工具，而转移支付也是财政政策的工具。

（三）政府在宏观收入中的占比将下降；财政需快速加大社会安全网建设支出；财政投资要继续抑制地区差距

政府在宏观收入分配中的比重将下降。这反映了市场降低政府干预力度的期望，有助于壮大非国有经济，缓解灰色收入恶化分配差距的势头。不过，这对政府提高职能效率提出了挑战。

需快速提高社会保障和社会福利支出及转移支付的比重。未来十年，中国居民收入分配差距扩大步伐将有所放缓，但仍将保持较高水平。为此，以构造更严密的“社会安全网”为重心，财政支出将增加民生类支出，力争全面覆盖绝大部分人群，尤其是“弱势群体”（包括城市低收入人群），提高养老、卫生医疗、失业救济等社会保障和基本福利水平。部分财政支出将用于民生补贴。在中国消费信贷尚不发达的情况下，收入分配差距扩大，对“弱势人群”的生活性补贴可能需要由财政承担，比如价格补贴，环保污染补贴，等等。这部分财政支出的增速可能超过财政支出总增速。

政府投资和地区间转移支付需继续抑制地区差距扩大势头。鉴于中国地区（比如城市化水平较低地区同城市化水平较高地区）之间发展水平差距较大，财政投资性支出和转移性支付将继续在财政总支出中保持较大比重。其中，通过促进这些地区的增长与发展水平，以间接降低地区间收入差距。财政投资性支出可能将持续投向城乡基础设施，包括民生类基础设施和信息通信类基础设施。不过，由中央政府主导的地区之间财政转移支付，须克服现有弊端——转移支付的本意是缩小分配差距，但由于政策设计不周，结果却事与愿违，反倒扩大了地区差距。

对收入和资产征收累进税[①]。该税种有利于社会公平：使收入和资产透明化、公开化；以最公平的方式为公共服务、社会保险和教育机构筹资，确保知识、技能和机会的传播过程和谐顺畅；缩小市场和私有财产制所带来的贫富差距，特别是限制社会阶层顶端的收入及资产的过度集中。

（四）中国将重点培育主权国债市场，应对公共债务率的上升

未来中央财政政策对金融市场、金融体系的关联性将快速上升。中国近年来公共债务已经出现了一定的上升趋势。地方政府由于财政日益捉襟见肘（财税机制不顺、责权关系不清、促进经济投资的内在动力等一系列因素影响），已经开始开发公司融资渠道借道筹资。

未来中国将重点培育主权国债市场。与世界其他国家相比，中国的公共债务仍处于较低水平，还具有相当大的发展空间。从财政政策上看，尽管中国近年来公共债务也出现了一定的上升趋势，而且也承受着诸如“深灰保障”等一些隐含的负担，但是与世界其他国家相比，中国的公共债务水平很低，具有一定的空间。

二 中国未来金融政策展望

加强对农村和小微企业生产的金融支持。从生产结构方面看，中国对农村的金融政策倾斜需要继续加强，这种政策倾斜将有利于加强农业的基础性地位，并且可以通过保险、金融衍生品等措施降低农民收入的剧烈波动。中国需要继续加强对小微企业的金融支持，中小企业大量集中在服务行业。比如，中小型生活性服务业将是满足居民生活需要、拉动就业的重要渠道；而根据美国的经验，中小型科技企业具有极强的成长性，其中蕴含着重要的新兴产业增长点。

货币政策要尽可能有利于增加消费和促进贸易平衡。为此，需要稳定增长、就业与通胀，间接促进消费增长。货币政策还要有利于消费信贷的发展。从短期的需求结构看，消费和投资结构都难以改变，而净出口结构可能

---

① 托马斯·皮凯蒂：《21世纪资本论》，巴曙松等译，中信出版社，2014，“中文版自序”，XIX。

是最先变动的部分，因此货币政策工具将以低利率为主，而兼顾调整贸易结构。

大力发展开发性金融服务，缩小地区之间的收入差距。货币政策通常适用于整个市场，必须结合信贷资源的地区间合理分配（这是个难题），方可缓解地区间分配差距。可特别针对发展水平较低的地区，提供特定的金融服务，比如开发性金融投资，旨在弥补这些地区瓶颈性的基础条件，加快经济增长，提高该地区的人均收入水平，缩小同发达地区的差距。

加快金融体系的市场化改革方向。在5~10年中都还难以跨越银行主导的发展模式。大体而言，中国金融政策的发展方向依然倾向于加强市场化运作、提高资源配置效率的市场化改革方向。具体的改革如下：完善金融机构公司治理，推进利率和汇率市场化改革，实现人民币资本项目可兑换和跨境使用，发展债券市场和金融衍生品市场，建立可持续的市场化的城镇化融资机制，完善金融安全网和相关法律体系，完善金融监管协调机制等。随着中国金融市场的发展和金融工具的不断完善，货币政策传导机制越来越复杂，链条越来越长。与此同时，伴随中国经济全球化趋势的不断加强，国际价格波动和发达国家货币政策外溢的影响也越来越明显。在这种情况下，货币政策的运用将变得越来越谨慎，可能逐步回归为反周期的政策选项。

三　中国未来宏观治理的政策建议

十八届三中全会指出，要完善宏观调控体系，保持经济总量平衡，促进重大经济结构协调和生产力布局优化，减缓经济周期波动影响。在当期，完善未来的宏观治理体系需要处理好以下三个关系。

（一）处理好宏观治理与经济结构调整之间的关系

本报告的分析表明，经济结构能够影响宏观治理工具的传导机制，进而影响政策有效性，因此要完善宏观治理体系，必须不断促进产业结构优化升级，合理调控需求结构，完善收入分配体系，促进金融市场体系创新发展，只有这样才能为完善宏观调控体系奠定基础。

从相反的角度讲，宏观治理也必须具备结构视角。宏观治理是总量概念，但是总量的政策工具可能对不同产业、不同部门产生非对称的影响，因此必须关注这种差别，从而有利于科学地制定政策。

（二）处理好中长期内财政、货币政策调控手段的主辅关系

从本报告的中美对比分析可以看出，在经济发展早期财政政策往往是重

要的逆周期调节手段，货币政策的主要目标是保障经济运行环境的稳定；但随着经济发展进入成熟阶段，财政政策主要着眼于解决社会问题，货币政策的作用日益凸显。

目前财政政策仍然是中国宏观治理最重要、最有效的手段，但财政政策的扩张需要从私人部门吸收资金，随着金融体系的不断完善，利率传导机制更加健全，财政政策吸收资金对私人部门的挤出效应将日益明显，而且随着政府债务的不断积累，财政政策的空间必将逐渐缩小。因此，政策当局必须增强完善宏观治理的前瞻性，有意识地完善货币政策调控手段，比如金融体系完善将使得货币政策有更大的用武之地。

（三）处理好宏观治理中政府与市场的关系

处理好政府与市场的关系是有效发挥宏观治理作用的重要前提，也是市场经济体制的核心问题之一。中国的经济发展已经到了改革、转型与升级的重要关口，需要政府更多地减少干预，让市场充分发挥资源配置作用和效率。十八届三中全会指出，经济体制改革是全面深化改革的重点，核心问题是处理好政府与市场的关系，使市场在资源配置中起决定性作用和更好地发挥政府作用。故而，未来的宏观治理必须注重处理好政府与市场的关系，更好地发挥宏观治理的作用。

财政政策实际上是政府对资源的配置，在当前仍然是不可或缺的；货币政策是运用市场力量进行间接干预，未来这种间接干预将越来越重要。

第三节　供给改革与中国未来的宏观治理

供给与中长期趋势的关系更紧密，需求与短期波动的关系更密切，但供给和需求是宏观经济运行密不可分的两个方面，现实经济运行中长期趋势和短期波动往往交织在一起。本报告的研究侧重需求端管理，但中国宏观供给管理的重要性在未来将逐渐凸显，因此本节从供给方进行简要分析。

一　供给学派的落脚点是制度对个人和企业的激励

供给学派兴起于 20 世纪 70 年代，该学派强调经济的供给方面，认为需求会自动适应供给的变化。该学派认为，生产的增长取决于劳动力和资本等生产要素的供给和有效利用。个人和企业提供生产要素和从事经营活动是为了谋取报酬，对报酬的刺激能够影响人们的经济行为。自由市场会自动调节生产要素的供给和利用，应当消除阻碍市场调节的因素。这个学派的主要代表人物拉弗把供给经济学解释为“提供一套基于个人和企业刺激的分析结构。人们随着刺激而改变行为，为积极性刺激所吸引，见消极性刺激就回避。政府在这一结构中的任务在于使用其职能去改变刺激以影响社会行为”。

因此供给学派的核心逻辑是通过制度安排，激励劳动、资本以及其他生产要素的供给，提高要素使用效率，进而促进产品和服务的生产。

供给学派着重分析税制对生产要素供给和利用的效果。他们指出，经济主体从事经营活动所关心的并不是获得的报酬或利润总额，而是减去各种纳税后的报酬或利润净额。在累进税制条件下，边际税率又是关键因素。因为经济主体是否多做工作，或增加储蓄和投资，要看按边际税率纳税后增加的净报酬是否合算。供给学派反对凯恩斯主义只注意政策对经济主体收入和支出的效果，而是强调制度和政策对生产活动的作用。

二　随着产业结构的演化，供给端管理的重要性日益突出

在制造业为主的经济结构当中，供给和需求可能出现偏离，有时这种偏离会比较严重。从产品的角度讲，制造商可能会对市场形势出现错判，在经济形势低迷时生产超过销售，可能出现严重的产品库存积压，从而使得供给和需求出现脱节；从货币购买力的角度讲，制造业收入的最终归宿为劳动报酬和资本报酬，因为制造业的资本投入较高，因此资本报酬比重相对较高，如果资本报酬的所有者即企业家出现投资信心不足，社会的总供给大于总需求，就很容易出现需求不足问题。

而在服务业为主的经济当中，劳动是最主要的投入要素，劳动报酬占的比重相对上升，因为资本投入规模较小，资本报酬的比重也较低，对应的宏观经济中的消费率也会较高，因此消费需求不足出现的可能性有所降低；此外，服务的生产过程往往就是消费过程（如理发服务提供的过程就是顾客的消费过程），服务业不存在制造业中的库存管理问题，企业不存在这方面的担忧，其赢得竞争的关键是从供给面提供优质的服务。

因此，随着产业结构向服务业演化，需求管理的重要性有所下降，供给端管理的重要性将日益突出。随着中国的产业结构转型，这种规律也将逐渐显现。

三 中国供给端宏观治理必要性日益凸显

中国人口众多，劳动力尤其是非熟练劳动力的供给曾经被认为是无限的；举世罕见的高储蓄率导致资本形成率很高。因此在改革开放30多年的历程中，劳动力和资本的供给在相当长时间内并不构成强约束，只要产品有市场需求，生产要素的供给就可以满足，这也助长了以要素投入扩张为主的粗放式增长模式。

凯恩斯主义的需求管理思想契合了中国大政府的传统文化，因此受到追捧。中国的经济学家也习惯于宏观经济的需求管理思维，消费、投资、政府开支和出口这“四驾马车”的分析成为耳熟能详的套路，而对经济供给端的关注明显不够。

经历30多年的高速发展，中国经济面临的内外部环境发生了诸多变化。随着农村适龄转移人口的下降和老龄化的加剧，民工荒现象开始普遍化和长期化，劳动投入的增长率将逐渐下降；从资本要素来看，随着消费率的逐渐提升，储蓄率将逐渐下降，资本形成率的下降也在所难免。而且能源、土地、环境等对粗放式发展的承载能力也日益降低，因此中国供给端约束将会逐渐强化。

中国在改革开放过程中实现了从计划经济向市场经济的转轨，制度改革激发了经济活力。但是随着经济发展进入新阶段，要素供给增长速度下降，必须通过进一步深化改革释放制度红利，在要素供给给定的前提下，宏观治理的核心变成如何通过制度安排，提升要素的使用效率、提高产品服务的供给。

四 制度转型带来的利益分配变化需要财政配套手段的支持

制度是集体行动形成的全社会必须遵守的行为规则，它本质上是一种政治行为。制度改革影响要素的使用效率，也会带来利益分配格局的变化。为确保制度改革的有序推进，防止制度改革带来较大的社会阵痛，财政手段的支持在某些场合是不可或缺的。

以户籍制度改革为例，户籍制度限制了人口自由流动，增加了劳动力职业转换、地区流动的成本，不利于劳动力在不同行业、不同地区实现自由配置，户籍制度改革已经呼之欲出。但中国户籍制度改革的最大障碍是区域经济发展的不平衡、公共资源（如教育、医疗）区域分布的不均衡，在这种局面下一旦盲目放开户籍制度必然导致人口无序流动，给大中城市带来严重压力。因此区域经济均衡发展，教育、医疗等公共资源的区域均衡分布是户籍制度改革的重要前提，只有这样才能真正降低户籍的“含金量”，但要想改变经济发展区域失衡、公共资源区域分布失衡的局面，政府采用财政手段有针对性地倾斜和调控是不可或缺的。尽管这个过程可能是漫长的，但应从当前着手。

此外，技术进步是经济增长最重要的源泉，制度改革必须支持技术创新和教育、科研事业的发展。尽管技术研发和教育可以引入市场力量，但研发和教育有很强的外溢性，私人部门的投入并不能完全捕获其收益，因此市场力量并不能完全解决问题。中国的科技、教育体系需要进行深层次的改革才能适应未来产业竞争的需要，而政府财政的支持仍然是不可或缺的。

总之，制度改革是一种政治行为，但在相当多的领域内，改革需要花钱，需要财政有针对性的支持。因此供给端的宏观治理改革也在很大程度上依靠财政政策的配套。

后 记

本书是中国国家开发银行研究院同中国社会科学院世界经济与政治研究所合作课题的最终成果。该课题名为“中美经济结构与财政货币政策比较研究”，由国家开发银行全额资助。

本书特别感谢众多专家的鼎力支持。如下专家提供了指导意见：郭濂（国家开发银行研究院原常务副院长），黄剑辉（国家开发银行研究院原副院长），张宇燕（中国社会科学院世界经济与政治研究所所长），宋泓（中国社会科学院世界经济与政治研究所所长助理）。如下专家提供了大量建议：汪子章（国家开发银行专家委员会原常务副主任），马成全（国家开发银行原总行顾问、专家委员会常务委员），袁英华（国家开发银行原贷委会专职委员、专家委员会常务委员），杨少林（财政部外经办原主任），李向阳（中国社会科学院亚太与全球战略研究院院长），胡滨（中国社会科学院金融研究所副所长），姜洪（北京保险研究院执行院长），王远鸿（国家信息中心经济预测部首席经济师），贺力平（北京师范大学国际金融研究所所长），胡必亮（北京师范大学新兴市场研究院院长兼发展研究院院长），谷克鉴（中国人民大学商学院学术委员会主任），李荣林（南开大学国际经济研究所副所长），伍戈（中国人民银行货币政策二司处长）。王阁处长和徐晶副处长（国家开发银行研究院）提供了大量的组织协调支持。

基于课题组所有成员的研讨，书稿的执笔分工如下。孙杰撰写了第一章、第二章第一节、第七章（部分）和第八章（部分）。曹永福撰写了有关生产结构的内容，包括第二章第二节、第三章第一节、第四章各节相关部分、第五章第一节以及第六、七、八章相关部分。李春顶撰写了有关贸易结构的内容，包括第二章第三节、第三章第二节、第四章各节相关部分、第五章第二节以及第六、七、八章相关部分。刘仕国撰写了有关收入分配的内容，包括第二章第四节、第三章第三节、第四章各节相关部分、第五章第三节以及第六、七、八章相关部分。黄薇撰写了有关金融结构的内容，包括第二章第五节、第三章第四节、第四章各节相关部分、第五章第四节以及第六、七、八章相关部分。各位执笔者均参与统稿，其中孙杰是主要统稿人，刘仕国和曹永福承担了部分协调性事务。

受限于研究时间和自身能力，本书定有待完善之处，热切期待读者指正。

图书在版编目（CIP）数据

中美经济结构与宏观政策比较/张宇燕，郭濂主编；孙杰等著．--北京：社会科学文献出版社，2016.7

ISBN 978-7-5097-8510-2

Ⅰ.①中… Ⅱ.①张… ②郭… ③孙… Ⅲ.①经济结构-对比研究-中国、美国 ②宏观经济-经济政策-对比研究-中国、美国 Ⅳ.①F12 ②F171.2

中国版本图书馆CIP数据核字（2015）第292088号

中美经济结构与宏观政策比较

主　　编／张宇燕　郭　濂
著　　者／孙　杰　刘仕国　李春顶　曹永福　黄　薇

出 版 人／谢寿光
项目统筹／周映希
责任编辑／周映希

出　　版／社会科学文献出版社·皮书出版分社（010）59367127
地址：北京市北三环中路甲29号院华龙大厦　邮编：100029
网址：www.ssap.com.cn
发　　行／市场营销中心（010）59367081　59367018
印　　装／三河市尚艺印装有限公司

规　　格／开　本：787mm×1092mm　1/16
印　张：12　字　数：207千字
版　　次／2016年7月第1版　2016年7月第1次印刷
书　　号／ISBN 978-7-5097-8510-2
定　　价／49.00元

本书如有印装质量问题，请与读者服务中心（010-59367028）联系